DESCUBRE 1

Lengua y cultura del mundo hispánico

Activity Pack

ISBN: 978-1-68004-516-1

3 4 5 6 7 8 9 PP 21 20 19 18 17

Table of Contents

Introduction

The DESCUBRE nivel 1 Activity Pack

Descubre includes the **Activity Pack**, which is a collection of supplementary activities for each lesson. With over 160 activities set over nearly 300 pages and a board game with cards, there is something here for every Spanish class!

Some of the activities in the ancillary, such as crossword puzzles, multiple-choice questions, and fill-in-the-blank activities, are designed to provide students with additional structured language practice. Others, such as the classroom surveys, interviews, and role-plays, are communicative and give students the opportunity to use active vocabulary and grammar in more open-ended situations. About half of the activities in this instructor resource offer directed practice with a written component, and the other half offer communicative, open-ended practice that focus on speaking and listening skills.

The **Activity Pack** provides the following sections for each of the 9 lessons in **Descubre nivel 1:**

- **Contextos** activities focus on vocabulary. They encourage students to practice the lesson's vocabulary in both spoken and written form. Activity types include crossword puzzles, short dialogues, and word or picture identification activities.
- **Estructura** activities focus on grammar. There are between one and three pages of discrete practice for each grammar concept, depending on its level of difficulty. (Grammar concepts are further supported in the student ancillaries.) These may include a guided practice followed by a more open-ended written activity. Some activities are designed to support oral and aural practice by having students work with a partner after they have written questions, for example. Task-based activities also form some of the activities in the **Estructura** sections.
- **Comunicación** activities focus on spoken communication. Interviews, role-plays, and classroom surveys support the use of natural language. These activities provide prompts and situations that encourage students to use all the grammar and vocabulary they know in order to communicate in Spanish.
- **Recapitulación** activities cover all of the lesson's vocabulary and each grammar point. Two pages long, the closed-ended questions provide a quick way to review material, gauge retention, and can be used for test preparation. The last activity asks small groups to collaborate on a skit, an interview, or a project that can then be shared with the class.
- **¡Atrévete!** is a board game that provides a content review after lessons 4 and 8. However, it can be used throughout the class as appropriate, since it can be customized to suit any lesson. Each review has its own set of cards that contains images, grammar structures, vocabulary, verbs, and **los retos** (*challenges*) that dare the players to complete an activity in a given time.

With this plethora of individual, pair, and group practice that focuses on writing, reading, listening, and speaking skills, we hope that your students develop their communication skills and you find material that is suitable for your **Descubre** class.

*The **Descubre nivel 1** Authors and*
the Vista Higher Learning Editorial Staff

Nombre ______________________ Fecha ______________________

contextos

Lección 1

1 Sopa de letras (*Wordsearch*)

A. Look for words of greeting and courtesy. These can be found horizontally, vertically and diagonally. Circle them and write them in the blanks.

R	B	U	E	P	N	S	A	S	N	O	E
E	A	C	H	E	E	A	E	B	I	E	N
G	S	D	M	R	E	L	L	Ñ	L	A	C
U	M	O	I	D	R	U	A	Ú	O	L	A
L	S	O	Y	Ó	E	D	S	T	U	R	N
A	D	I	A	N	S	O	N	T	E	D	T
R	E	E	S	P	A	S	A	Ñ	O	L	A
S	I	G	U	A	L	M	E	N	T	E	D
T	E	S	M	Ñ	Z	U	X	H	O	L	A
T	A	R	D	E	S	T	E	D	E	S	D
E	E	D	O	N	D	N	O	C	H	E	S
S	G	R	A	C	I	A	S	E	S	O	N

1. ______________
2. ______________
3. ______________
4. ______________
5. ______________
6. ______________
7. ______________
8. ______________
9. ______________
10. ______________
11. ______________
12. ______________

B. Imagine that you run into your Spanish teacher as you leave the library. Write a brief dialogue in which you greet him/her with some of the words you found.

____

____

____

____

____

____

Nombre ______________________ Fecha ______________________

estructura

1.1 Nouns and articles

1 **Correcto o incorrecto** Make a check mark if the indefinite article matches the image. If they do not match, write the correct indefinite article.

un turistas ❍

1. ____________________

un profesor ❍

2. ____________________

un conductora ❍

3. ____________________

unas estudiantes ❍

4. ____________________

unas computadoras ❍

5. ____________________

una estudiante ❍

6. ____________________

unas chicos ❍

7. ____________________

una escuela ❍

8. ____________________

unas pasajeros ❍

9. ____________________

una fotografía ❍

10. ____________________

unos maletas ❍

11. ____________________

un mujer ❍

12. ____________________

Nombre ____________________ Fecha ____________________

estructura

1.1 Nouns and articles

2 **Identificar** Write the definite article and noun. Careful! Some are plural.

1. ____________________

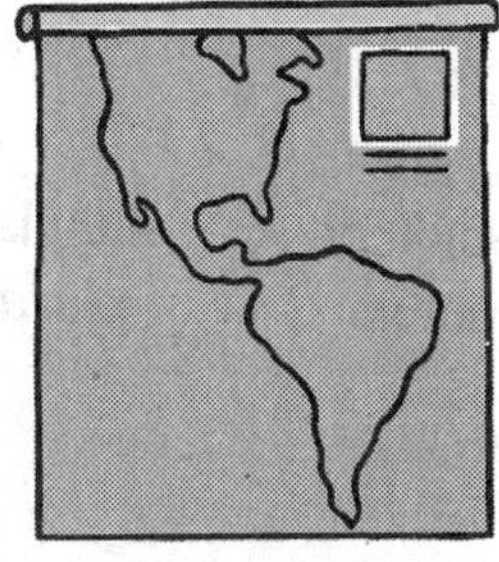

2. ____________________

3. ____________________

4. ____________________

5. ____________________

6. ____________________

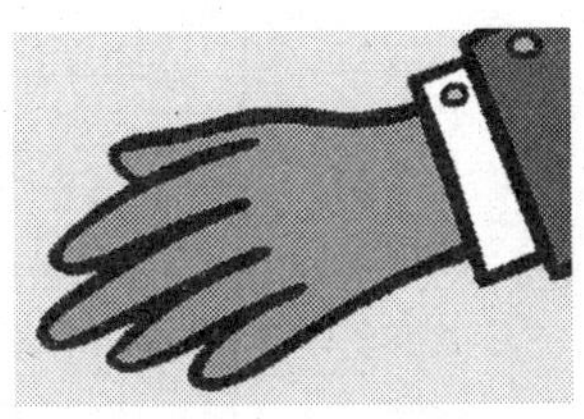

7. ____________________

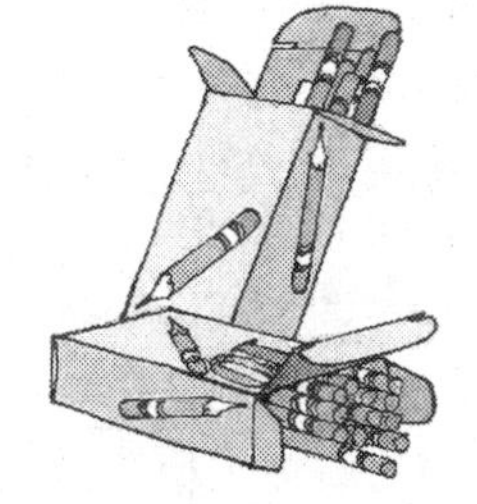

8. ____________________

9. ____________________

10. ____________________

11. ____________________

12. ____________________

Nombre _______________ Fecha _______________

estructura

1.1 Nouns and articles

3 **Encuesta** Walk around the room and ask classmates to help you classify these nouns. Provide both the indefinite and definite articles and note the name of the classmate who helped you. Go over the results as a class.

	masculine/ feminine	singular/ plural	indefinite/ definite	name
1. mujeres	feminine	plural	unas/las	Paula
2. videos				
3. persona				
4. mapas				
5. señora				
6. mujeres				
7. turista				
8. programas				
9. país				
10. comunidad				
11. problema				
12. hombres				
13. chicos				
14. nacionalidades				
15. conversación				
16. joven				
17. números				
18. día				
19. cosas				
20. palabra				

Nombre ______________________ Fecha ______________________

estructura

1.1 Nouns and articles

4 **Crucigrama (*Crossword puzzle*)** Do this crossword puzzle.

Horizontales

1. —¿De quién es el 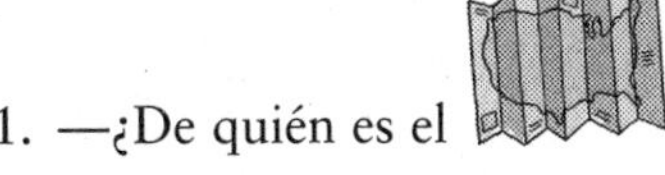 ?
   —Es de Carlos.
4. La profesora es de los  .
6. Son cuatro  y un cuaderno.
7. Son tres  .
9. Yo soy de  .
10. Los  son de Juan y de María.

Verticales

2. Carmen es  .
3. El chico es  .
5. El señor y la señora González son  .
8. La señora Lobo es  .

estructura

1.1 Nouns and articles

4

			1		2								
	3												
4													
													5
			6										
			7				8						
				9									
					10								

Nombre ______________________ Fecha ______________________

estructura

1.2 Numbers 0–30

1 **Hay y no hay**

A. Complete the sentences.

1. Hay un ______________ y un ______________.
2. No hay ______________.
3. Hay un ______________ y tres ______________.
4. Hay tres ______________ y no hay ______________.
5. No hay ______________.

B. Draw five additional items in the picture. Then, work with a partner and ask each other questions about the new things.

Modelo

Estudiante 1: ¿Cuántas computadoras hay?

Estudiante 2: Hay *dos computadoras. / No hay computadoras.*

estructura

1.3 Present tense of **ser**

1 Presentaciones

A. In pairs, complete the sentences.

—Hola, nosotras (1) ______________ (son/somos) Diana y Marina. Marina (2) ______________ (es/soy) estudiante de español. Ella (3) ______________ (eres/es) de Los Ángeles. Yo (4) ______________ (soy/eres) de California y (5) ______________ (son/soy) profesora de biología.

—Buenas tardes. Les presento a Camilo y David. Ellos (6) ______________ (eres/son) conductores de autobús. David (7) ______________ (somos/es) de Puerto Rico. Camilo y yo (8) ______________ (es/somos) de México.

—¿Qué tal? Yo (9) ______________ (somos/soy) la señora Ríos. El señor Ríos y yo (10) ______________ (son/somos) pasajeros del autobús número 20. Usted (11) ______________ (eres/es) turista, ¿verdad? Nosotros (12) ______________ (eres/somos) de Ecuador. Y ellos, ¿de dónde (13) ______________ (son/es)?

B. Now, write a few sentences using the verb **ser** to introduce yourself to a partner. Share your introduction and write down your partner's as he/she shares his/hers with you.

Nombre ______________________ Fecha ______________________

estructura

1.3 Present tense of **ser**

2 **Elegir**

A. Choose the subject pronoun that can substitute for the underlined word(s).

1. Las chicas son de España.
   a. Ellas b. Ellos c. Nosotros
2. La computadora es de Andrea.
   a. ellas b. ella c. él
3. Pablo y Berta son profesores.
   a. Él b. Ellos c. Ellas
4. El conductor es de los Estados Unidos.
   a. Yo b. Tú c. Él
5. Mónica, ¿de dónde eres?
   a. Tú b. Ella c. Él
6. ¿Quién es el señor Arango?
   a. nosotros b. ellos c. él
7. Los mapas son de las chicas.
   a. nosotras b. ellas c. ellos
8. La turista es estudiante.
   a. Yo b. Él c. Ella
9. Diego y yo somos hombres.
   a. Ellos b. Nosotros c. Nosotras
10. El autobús es de Daniel.
    a. ellas b. él c. ellos
11. Las mujeres son jóvenes.
    a. Yo b. Ellos c. Ellas
12. Laura, Camila y yo somos unas chicas de Ecuador.
    a. Nosotras b. Tú c. Ellas
13. Carolina, ¿eres la chica de la fotografía?
    a. Nosotras b. Tú c. Yo
14. ¿De dónde son los pasajeros?
    a. él b. ella c. ellos
15. Son las maletas de la estudiante.
    a. yo b. ella c. ellas

B. Using these sentences as a model, create three more of your own and exchange them with a partner.

1. ______________________________
   a. __________ b. __________ c. __________
2. ______________________________
   a. __________ b. __________ c. __________
3. ______________________________
   a. __________ b. __________ c. __________

Nombre ______________________ Fecha ______________________

estructura

1.4 Telling time

1 **Emparejar** Match each clock with a written time.

1. _____ a. Son las nueve y media de la mañana.

2. _____ b. Son las dos y diez de la tarde.

3. _____ c. Es la una y cuarenta y cinco de la tarde.

4. _____ d. Es mediodía.

5. _____ e. Son las cuatro en punto de la mañana.

6. _____ f. Son las siete y cincuenta y cinco de la noche.

7. _____ g. Son las ocho y veinte de la mañana.

8. _____ h. Son las cuatro y cuarto de la tarde.

Nombre ______________________ Fecha ______________________

comunicación

Estudiante 1

1 **Sopa de letras (*Word search*)** You have half of the words in the wordsearch, and your partner has the other half. To complete it, pick a number and a letter and say them to your partner. If he or she has a letter in the corresponding space, he or she must tell you. Write down the letter your partner tells you in the corresponding space and go again. If there is no letter in the space you asked about, your partner should say **cero** and take a turn. Follow the model and continue until you have all six words. The words can be read horizontally, diagonally, or vertically. Your partner starts.

modelo

Estudiante 2: *8D*
Estudiante 1: *cero. 9F*
Estudiante 2: *jota*
You write down J in box 9F and play on.

Clue: All six words are connected.

	1	2	3	4	5	6	7	8	9	10	11
A	C										
B		O				C			P		
C			M			A			A		
D				P		P			S		
E					U	I			A		
F						T			J		
G						A	A		E		
H						L		D	R		
I									O		
J										R	
K											A

Now that you have the six words, group them in these three categories. Compare your results with your partner's.

Personas	**Cosas**	**Lugares (*Places*)**
______________	______________	______________
______________	______________	______________

comunicación

Estudiante 2

1 **Sopa de letras (*Word search*)** You have half of the words in the wordsearch, and your partner has the other half. To complete it, pick a number and a letter and say them to your partner. If he or she has a letter in the corresponding space, he or she must tell you. Write down the letter your partner tells you in the corresponding space and go again. If there is no letter in the space you asked about, your partner should say **cero** and take a turn. Follow the model and continue until you have all six words. The words can be read horizontally, diagonally, or vertically. You start.

modelo

Estudiante 2: *8D*
Estudiante 1: *cero. 1G*
Estudiante 2: *ene*
You write down N *in box 1G and play on.*

Clue: All six words are connected.

	1	2	3	4	5	6	7	8	9	10	11
A	C	O	N	D	U	C	T	O	R		
B	U										
C	A										
D	D										
E	E										
F	R										
G	N										
H	O										
I											
J											
K					E	S	C	U	E	L	A

Now that you have the six words, group them in these three categories. Compare your results with your partner's.

Personas	**Cosas**	**Lugares (*Places*)**
______________	______________	______________
______________	______________	______________

Nombre ______________________ Fecha ______________________

comunicación

Estudiante 1

2 **¿Qué hora es?** You and your partner each have half of the information you need to complete this chart. To complete your charts, ask and answer questions about what time it is now in other cities and capitals of the world. You will provide your partner with the times he or she needs, and you should fill in the empty spaces on your chart with the times provided by your partner. Follow the model. You begin; start with San Francisco and continue downwards.

modelo

Estudiante 1: *¿Qué hora es ahora en Madrid?*
Estudiante 2: *Ahora son las cinco de la tarde en Madrid.*
(You write down 5:00 p.m. *next to* Madrid.*)*
Estudiante 2: *¿Qué hora es ahora en Atenas?*
Estudiante 1: *Son…*

Ciudad	¿Qué hora es?
San Francisco	
la Ciudad de México	10:00 a.m.
Toronto	
Quito	11:00 a.m.
Buenos Aires	
Londres (*London*)	4:00 p.m.
Madrid	5:00 p.m.
Atenas (*Athens*)	6:00 p.m.
Moscú (*Moscow*)	
Nairobi	7:00 p.m.
Nueva Delhi	
Tokio	1:00 a.m.
Sydney	

Now, answer these questions and compare your answers with your partner's. Answer in complete sentences and write out the words for the numbers.

1. Son las 8:15 p.m. en Nairobi. ¿Qué hora es en Sydney?
____
2. Son las 6:45 a.m. en Toronto. ¿Qué hora es en Londres?
____
3. Son las 5:20 p.m. en Moscú. ¿Qué hora es en la Ciudad de México?
____
4. Son las 9:55 p.m. en Tokio. ¿Qué hora es en Atenas?
____
5. Son las 11:10 a.m. en Quito. ¿Qué hora es en San Francisco?
____

Nombre ____________________ Fecha ____________________

comunicación

Estudiante 2

2 **¿Qué hora es?** You and your partner each have half of the information you need to complete this chart. To complete your charts, ask and answer questions about what time it is now in other cities and capitals of the world. You will provide your partner with the times he or she needs, and you should fill in the empty spaces on your chart with the times provided by your partner. Follow the model. Your partner begins; start with San Francisco and continue downwards.

modelo

Estudiante 1: *¿Qué hora es ahora en Madrid?*
Estudiante 2: *Ahora son las cinco de la tarde en Madrid.*
(You write down 5:00 p.m. *next to* Madrid.*)*
Estudiante 2: *¿Qué hora es ahora en Atenas?*
Estudiante 1: *Son...*

Ciudad	¿Qué hora es?
San Francisco	**8:00 a.m.**
la Ciudad de México	
Toronto	**11:00 a.m.**
Quito	
Buenos Aires	**1:00 p.m.**
Londres (*London*)	
Madrid	**5:00 p.m.**
Atenas (*Athens*)	
Moscú (*Moscow*)	**7:00 p.m.**
Nairobi	
Nueva Delhi	**9:30 p.m.**
Tokio	
Sydney	**3:00 a.m.**

Now, answer these questions and compare your answers with your partner's. Answer in complete sentences and write out the words for the numbers.

1. Son las 8:15 p.m. en Nairobi. ¿Qué hora es en Sydney?
____

2. Son las 6:45 a.m. en Toronto. ¿Qué hora es en Londres?
____

3. Son las 5:20 p.m. en Moscú. ¿Qué hora es en la Ciudad de México?
____

4. Son las 9:55 p.m. en Tokio. ¿Qué hora es en Atenas?
____

5. Son las 11:10 a.m. en Quito. ¿Qué hora es en San Francisco?
____

Nombre ______________________ Fecha ______________________

comunicación

3 Construye la historia

A. Two students are getting acquainted on their first day of school. In pairs, continue their conversation by choosing the correct sentence.

CHICA Buenos días. ¿Cómo está?

CHICO

1. a. Muy bien gracias. Me llamo Javier. ¿Cómo se llama usted?
   b. Buenas noches señorita Méndez.
   c. Soy de los Estados Unidos.

CHICA

2. a. ¿Qué tal, Javier?
   b. Me llamo Lucía. Mucho gusto.
   c. Igualmente, ¿de dónde es usted, señor?

CHICO

3. a. Encantada, Lucía.
   b. Saludos a la señora Méndez.
   c. Encantado, Luisa.

CHICA

4. a. No. Lucía, L-U-C-Í-A.
   b. No. Luisa, L-U-I-S-A.
   c. No. Javier, J-A-V-I-E-R.

CHICO

5. a. ¡Oh! Lo siento, Luisa. ¿De dónde es usted, señora?
   b. ¡Oh! Lo siento, Lucía. ¿De dónde es usted, señorita?
   c. ¡Oh! Lo siento, Javier. ¿De dónde es usted, señor?

CHICA

6. a. Soy de Colombia. ¿Y usted?
   b. Soy de Colombia. ¿Y usted, Lucía?
   c. Soy de Colombia. ¿Y yo?

CHICO

7. a. Somos de Costa Rica.
   b. Es de Costa Rica.
   c. Soy de Costa Rica.

(*The girl checks her watch.*)

CHICA

8. a. ¿Qué pasa, Javier?
   b. ¡Hasta pronto, Javier!
   c. No hay de qué, Javier.

CHICO

9. a. Chao, Lucía. Nos vemos pronto.
   b. Muchas gracias, Lucía. Nos vemos pronto.
   c. De nada, Lucía. Nos vemos pronto.

B. Now, act out the dialogue for the class. You can change the names and countries to reflect your own personal information.

Nombre ______________________ Fecha ______________________

comunicación

4 **¡A conversar!** Look at each group of celebrities in the box. In groups of three, pick a box and role-play the celebrities meeting each other. One person should be the "introducer," who knows the other two. Use as much vocabulary from this lesson as possible. You can also invent your own list of celebrities. Be prepared to act out your skit for the class.

Shakira **Beyoncé** **Lady Gaga**	**America Ferrera** **Madonna** **Don Omar**
Andy García **Cameron Díaz** **Roger Federer**	**Juanes** **Barack Obama** **Antonio Banderas**
Antonio Villaraigosa **Orlando Bloom** **Penélope Cruz**	**Benicio del Toro** **Daddy Yankee** **Naomi Campbell**
Pedro Almodóvar **Brad Pitt** **Rafael Nadal**	¿? ¿? ¿?

Modelo

Estudiante 1: *Beyoncé, ésta es la señorita Shakira.*
Estudiante 2: *Encantada. ¿De dónde es usted?*
Estudiante 3: *Yo soy de Colombia. ¿Y usted?*
Estudiante 2: *Yo soy de los Estados Unidos. Lady Gaga, ¿qué hora es?*
Estudiante 1: *Son las dos y veinte de la tarde.*

comunicación

5 **Encuentra tu pareja (*Find your partner*)** Your teacher will give you a card that contains a description of the character you will role-play and a description of your role-play partner. Walk around the classroom and talk to your classmates until you find your partner. Together, prepare a two- to three-minute conversation where you meet and get to know each other. Include as much vocabulary and grammar from this lesson as possible. Act out the conversation in front of the class. Be creative!

Modelo

Estudiante 1: Buenos días. ¿Usted es la señora Díaz?
Estudiante 2: Sí, yo soy la señora Díaz.
Estudiante 1: ¿Usted es la conductora del autobús?
Estudiante 2: No, yo soy la profesora.
Estudiante 1: Muchas gracias. Hasta pronto.

Estudiante 1: Buenos días. ¿Usted es la señora Díaz?
Estudiante 3: Sí, yo soy la señora Díaz.
Estudiante 1: ¿Usted es la conductora del autobús?
Estudiante 3: Sí. Yo soy la conductora del autobús.
Estudiante 1: ¿Usted es de Cuba?
Estudiante 3: Sí. ¿Y usted es Óscar?
Estudiante 1: Sí, yo soy Óscar.

comunicación

5 Encuentra tu pareja (*Find your partner*)

Time: 30 minutes

Resources: Role-play cards

Instructions: Photocopy the role-play cards and cut out as many as needed. Give each student a different card, making sure each one has a match, and tell them to walk around the classroom and talk to their classmates until they find their role-play partners. Partners should prepare a two- to three-minute conversation in which they meet and get to know each other using vocabulary and grammar from this lesson. Make sure all students participate. Tell them to be prepared to act out the conversation in front of the class.

You can vary the activity by asking students to film their conversations and bring them to class.

5 Role-play cards

Tú eres:
la señora Ríos
conductora
Cuba

Tu compañero/a es:
Andrés, el chico de la capital
turista
número de teléfono: 655 78 34

Tú eres:
Andrés, el chico de la capital
turista
número de teléfono: 655 78 34

Tu compañero/a es:
la señora Ríos
conductora
Cuba

Tú eres:
la señora Ríos
conductora
España

Tu compañero/a es:
Andrés, el chico de la fotografía
turista
número de pasajero: 18

Tú eres:
Andrés, el chico de la fotografía
turista
número de pasajero: 18

Tu compañero/a es:
la señora Ríos
conductora
España

Tú eres:
el profesor Méndez
número de teléfono: 589 23 47
Cuba

Tu compañero/a es:
María Torres
pasajera
número de maletas: 6

Tú eres:
María Torres
pasajera
número de maletas: 6

Tu compañero/a es:
el profesor Méndez
número de teléfono: 589 23 47
Cuba

Tú eres:
el profesor Méndez
número de teléfono: 589 23 47
España

Tu compañero/a es:
María Torres
pasajera
número de maletas: 4

Tú eres:
María Torres
pasajera
número de maletas: 4

Tu compañero/a es:
el profesor Méndez
número de teléfono: 589 23 47
España

Tú eres:
la señorita Restrepo
turista
México

Tu compañero/a es:
Héctor Correa
conductor
número de pasajeros: 10

Tú eres:
Héctor Correa
conductor
número de pasajeros: 10

Tu compañero/a es:
la señorita Restrepo
turista
México

Tú eres:
la señorita Restrepo
turista
Costa Rica

Tu compañero/a es:
Héctor Rivas
conductor
número de pasajeros: 14

Tú eres:
Héctor Rivas
conductor
número de pasajeros: 14

Tu compañero/a es:
la señorita Restrepo
turista
Costa Rica

Nombre ______________________ Fecha ______________________

recapitulación

¡A repasar! Review everything you have learned in **Lección 1**.

1

Identificar Select the word that does not fit in each group.

1. cuaderno • nacionalidad • diccionario • lápiz
2. profesoras • conductores • pasajeras • chicas
3. diario • mapa • país • nacionalidad
4. joven • chico • día • hombre

2

Deletrear (*Spell*) Spell out these names in Spanish.

1. Marta Sánchez ______________________
2. Juan Carlos Rivas ______________________
3. Rodrigo Cuevas ______________________
4. Elvira Montes ______________________

3

Los artículos Write the indefinite and definite articles.

1. ________ ________ números
2. ________ ________ lección
3. ________ ________ programa
4. ________ ________ escuelas

4

Los números In Spanish, write out the these numbers.

1. 18 ______________________
2. 30 ______________________
3. 24 ______________________
4. 15 ______________________

5

Yo, tú, él... Complete these sentences with the subject pronouns that match the form of the verb **ser**.

1. ________ es la profesora de español.
2. ¿________ son los pasajeros del autobús?
3. ________ somos estudiantes.
4. ________ es el conductor.

6 ¿Cuántos hay? Answer the questions.

1. ¿Cuántos lápices hay?

   _______________________________________.

2. ¿Cuántas computadoras hay?

   _______________________________________.

3. ¿Cuántos mapas hay?

   _______________________________________.

4. ¿Cuántos diccionarios hay?

   _______________________________________.

7 Ser o no ser Complete the sentences with the verb **ser**.

1. Yo ______________________ de Puerto Rico.
2. María ______________________ estudiante.
3. Nosotros ______________________ turistas.
4. ¿De dónde ______________________ tú?

8 Son las... Select the time that matches.

1. Son las ocho menos cuarto de la mañana.
   a. 7:45 a.m. b. 8:45 a.m. c. 8:15 a.m.
2. Es la una de la tarde.
   a. 1:00 a.m. b. 1:00 p.m. c. 1:10 p.m.
3. Son las cinco y quince de la tarde.
   a. 5:45 a.m. b. 5:15 a.m. c. 5:15 p.m.
4. Es el mediodía.
   a. 12:15 p.m. b. 12:00 a.m. c. 12:00 p.m.

9 ¡A practicar! In pairs, make up a conversation using these cues:

- greetings and expressions of courtesy
- vocabulary (nouns, numbers, subject pronouns, etc.) you learned in this lesson
- as many forms of verb **ser** as you can
- **hay / no hay** forms whenever possible
- telling time

Be creative! If possible, use costumes and/or scenery when presenting your role-play to the class. If resources allow, you may film the skit instead.

answers to activities

Lección 1

contextos

1

R	B	U	E	P	N	S	A	S	N	O	E
E	A	C	H	E	E	A	E	B	I	E	N
G	S	D	M	R	E	L	L	Ñ	L	A	C
U	M	O	I	D	R	U	A	Ú	O	L	A
L	S	O	Y	Ó	E	D	S	T	U	R	N
A	D	I	A	N	S	O	N	T	E	D	T
R	E	E	S	P	A	S	A	Ñ	O	L	A
S	I	G	U	A	L	M	E	N	T	E	D
T	E	S	M	Ñ	Z	U	X	H	O	L	A
T	A	R	D	E	S	T	E	D	E	S	D
E	E	D	O	N	D	N	O	C	H	E	S
S	G	R	A	C	I	A	S	E	S	O	N

A. regular; adiós; perdón; saludos; señor; bien; encantada; igualmente; hola; tardes; noches; gracias **B.** Answers will vary.

estructura

1.1 Nouns and articles

1 1. incorrecto; unos 2. correcto 3. incorrecto; una 4. incorrecto; unos 5. correcto 6. correcto 7. incorrecto; unos 8. correcto 9. incorrecto; unos 10. correcto 11. incorrecto; unas 12. incorrecto; una

2 1. las maletas 2. el mapa 3. la computadora 4. los chicos 5. el diccionario 6. los profesores 7. la mano 8. los lápices 9. las chicas 10. el conductor 11. el cuaderno 12. el autobús

3 1. feminine, plural, unas/las 2. masculine, plural, unos/los 3. femenine, singular, una/la 4. masculine, plural, unos/los 5. feminine, singular, una/la 6. feminine, plural, unas/las 7. masculine/feminine, singular, un/una/el/la 8. masculine, plural, unos/los 9. masculine, singular, un/el 10. feminine, singular, una/la 11. masculine, singular, un/el 12. masculine, plural, unos/los 13. masculine, plural, unos/los 14. feminine, plural, unas/las 15. feminine, singular, una/la 16. masculine/feminine singular, un/una/el/la 17. masculine, plural, unos/los 18. masculine, singular, un/el 19. feminine, plural, unas/las 20. feminine, singular, una/la

4 **Horizontales:** 1. mapa 4. Estados Unidos 6. fotografías 7. maletas 9. México 10. cuadernos **Verticales:** 2. profesora 3. estudiante 5. pasajeros 8. turista

1.2 Numbers 0–30

1 **A.** Answers may vary slightly. Sample answers: 1. lápiz, diccionario 2. cuadernos 3. profesor, estudiantes 4. chicos, chicas 5. mapas **B.** Answers will vary.

1.3 Present tense of *ser*

1 **A.** 1. somos 2. es 3. es 4. soy 5. soy 6. son 7. es 8. somos 9. soy 10. somos 11. es 12. somos 13. son **B.** Answers will vary.

2 **A.** 1. a 2. b 3. b 4. c 5. a 6. c 7. b 8. c 9. b 10. b 11. c 12. a 13. b 14. c 15. b **B.** Answers will vary.

1.4 Telling time

1 1. c 2. e 3. b 4. g 5. h 6. a 7. d 8. f

comunicación

1 Answers will vary.

2 Answers will vary.

3 **A.** 1. a 2. b 3. c 4. a 5. b 6. a 7. c 8. b 9. a **B.** Answers will vary.

4 Answers will vary.

5 Answers will vary.

recapitulación

1 1. nacionalidad 2. conductores 3. diario 4. día

2 1. eme, a, ere, te, a; ese, a, ene, ce, hache, e, zeta 2. jota, u, a, ene; ce, a, ere, ele, o, ese; ere, i, ve, a, ese 3. ere, o, de, ere, i, ge, o; ce, u, e, ve, a, ese 4. e, ele, ve, i, ere, a; eme, o, ene, te, e, ese

3 1. unos, los 2. una, la 3. un, el 4. unas, las

4 1. dieciocho 2. treinta 3. veinticuatro 4. quince

5 1. Ella 2. Ustedes/Ellos 3. Nosotros/Nosotras 4. Él

6 1. Hay tres lápices. 2. No hay computadoras. 3. No hay mapas. 4. Hay un diccionario.

7 1. soy 2. es 3. somos 4. eres

8 1. a. 2. b. 3. c. 4. c.

9 Answers will vary.

Nombre ______________________ Fecha ______________________

contextos

Lección 2

1 **Busca los objetos** Choose one of the boxes below, with names of classroom objects, and start collecting the items in your classroom. Make a check mark next to the items as you collect them. Move quickly, because the first person who collects all the objects on his/her list wins!

❍ 2 mochilas ❍ 3 lápices ❍ 6 libros ❍ 1 reloj	❍ 1 tiza ❍ 2 plumas ❍ 4 borradores ❍ 1 mapa
❍ 1 horario ❍ 4 libros ❍ 3 mochilas ❍ 1 diccionario	❍ 2 sillas ❍ 3 cuadernos ❍ 1 papelera ❍ 1 fotografía

Nombre ______ Fecha ______

contextos

2 **Sopa de letras**

A. Look for words related to school. These can be found horizontally, vertically and diagonally. Circle the words and write them in the blanks.

L	A	B	O	R	A	T	O	R	I	O	N	A
I	M	M	N	G	E	O	G	R	A	F	Í	A
B	S	S	E	E	S	D	O	N	Ñ	T	U	T
R	Í	Í	S	R	P	L	T	I	C	Q	A	A
E	M	X	E	M	A	U	M	I	D	A	V	R
R	Ú	A	M	G	Ñ	M	F	Á	Z	S	I	E
Í	S	N	E	J	O	O	S	É	F	A	D	A
A	I	E	S	L	L	X	P	D	E	R	E	Z
T	C	R	T	E	A	O	B	L	A	S	M	I
F	A	Í	R	C	A	E	M	P	U	R	E	Ó
I	T	S	E	X	A	M	E	N	E	M	S	N
P	A	P	E	L	E	R	A	A	R	I	A	O

1. ______ 5. ______ 9. ______
2. ______ 6. ______ 10. ______
3. ______ 7. ______ 11. ______
4. ______ 8. ______ 12. ______

B. Now, classify the words you found by writing them in the matching category.

Lugares	**Cosas**	**Materias**

Nombre ______________________ Fecha ______________________

contextos

3 **Correcto o incorrecto** Look at each picture and make a check mark if the caption matches the image. If they do not match, write a new caption using a word from **Contextos**.

una biblioteca ❍

1. ______________________

una puerta ❍

2. ______________________

una mochila ❍

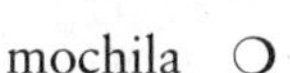

3. ______________________

una papelera ❍

4. ______________________

un escritorio ❍

5. ______________________

una ventana ❍

6. ______________________

una casa ❍

7. ______________________

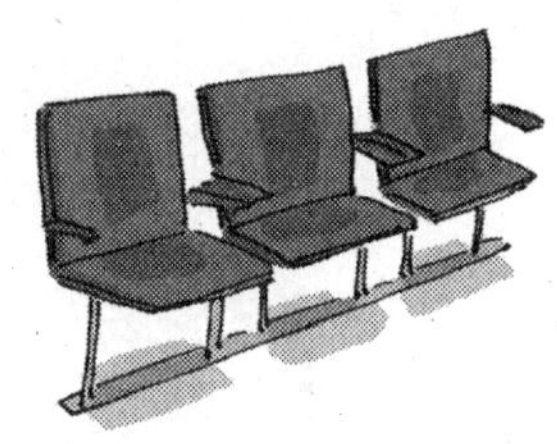

unas sillas ❍

8. ______________________

un laboratorio ❍

9. ______________________

un estadio ❍

10. ______________________

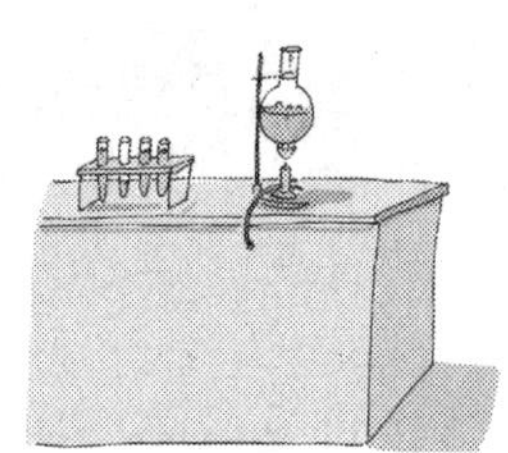

unos relojes ❍

11. ______________________

una pizarra ❍

12. ______________________

Nombre ____________________ Fecha ____________________

estructura

2.1 Present tense of -ar verbs

1 **Identificar** Complete each sentence with the correct form of an **-ar** verb from the box.

bailar	comprar	estudiar	tomar
caminar	desayunar	hablar	trabajar
cantar	dibujar	llevar	viajar

1. El joven ____________ cerca de la universidad.

2. Juan y Pedro ____________ en clase.

3. Mariana y yo ____________ café.

4. El estudiante ____________ en un papel.

5. ¿Quién ____________ a Cuba?

6. Los compañeros ____________ en la biblioteca.

7. El hombre ____________ la silla.

8. Ellos ____________ en la residencia estudiantil.

9. La mujer ____________ una maleta.

10. Yo ____________ en la cafetería.

11. El señor Gómez ____________ en casa.

12. La chica ____________ delante de los profesores.

estructura

2.1 Present tense of -ar verbs

2 **Crucigrama** Complete each sentence in the crossword puzzle with the correct form of an **-ar** verb from the box. One verb will be used twice.

desear	hablar	terminar
escuchar	necesitar	trabajar
estudiar	tomar	regresar

Horizontales

2. Me gusta __________ café en la cafetería de la universidad.
3. Nosotros __________ español en la clase de la señora Pérez.
6. Ellos __________ estudiar para el examen de inglés.
9. Eduardo __________ de Puerto Rico el jueves.
10. Yo __________ en la biblioteca los lunes.

Verticales

1. Fernando __________ matemáticas, contabilidad y biología.
4. Lina y yo __________ la radio en la casa.
5. Mónica __________ estudiar en la Universidad Autónoma de México.
7. Daniela y Óscar __________ en la librería los sábados y los domingos.
8. La clase de geografía __________ a las 4 de la tarde.

Nombre ______________________ Fecha ______________________

estructura

2.2 Forming questions in Spanish

1 Preguntas

A. Write an interrogative word in each sentence below to complete the questions. Then, answer the questions.

1. —¿______________ escritorios hay en la clase?
   —______________________________.
2. —¿______________ hora es?
   —______________________________.
3. —¿______________ está el mapa?
   —______________________________.
4. —¿______________ mujeres hay en la clase?
   —______________________________.
5. —¿______________ está la papelera?
   —______________________________.

B. Now write four more questions based on the picture. Take turns asking and answering them with a partner.

Modelo

Estudiante 1: *¿Dónde está el profesor?*
Estudiante 2: *El profesor está cerca de la pizarra.*

1. ¿______________________________?
2. ¿______________________________?
3. ¿______________________________?
4. ¿______________________________?

Nombre ______________________ Fecha ______________________

estructura

2.3 Present tense of **estar**

1 **Estamos en la escuela**

A. Complete these descriptions using the verb **estar**.

—Hola, nosotros (1) ______________ (están/estamos) en la escuela. Tomás (2) ______________ (está/estás) en la clase de matemáticas. Él (3) ______________ (estoy/está) en la clase de mi amigo Carlos. Yo (4) ______________ (estoy/están) en la clase del profesor Martínez. Hoy, nosotros no (5) ______________ (estamos/están) en clase porque es sábado.

—Silvia, Marta y yo (6) ______________ (están/estamos) en la biblioteca. Silvia (7) ______________ (está/estoy) al lado de la ventana. Marta y yo (8) ______________ (estamos/estás) delante de un escritorio.

—¿Cómo (9) ______________ (estás/estoy)? Yo (10) ______________ (estoy/están) regular. Hoy hay clases y (11) ______________ (estoy/están) en casa porque (12) ______________ (estás/estoy) enferma. Y tú, ¿dónde (13) ______________ (estamos/estás) ahora?

B. Now, write a few sentences about yourself using the verb **estar** and share them with a partner. After you say your sentences, write down your partner's as he/she shares them with you.

Nombre ______________________ Fecha ______________________

estructura

2.3 Present tense of **estar**

2 **Elegir**

A. Choose the best preposition for each sentence.

1. La biblioteca está ____________ la cafetería.
   a. con b. detrás de c. sin
2. Carlos está ____________ la librería.
   a. debajo de b. encima de c. en
3. Los profesores están ____________ la escuela.
   a. a la derecha de b. en c. con
4. El mapa está ____________ el escritorio.
   a. entre b. sobre c. sin
5. La clase de historia está ____________ la clase de geografía.
   a. al lado de b. entre c. con
6. Las tizas están ____________ la pizarra.
   a. entre b. sin c. a la izquierda de
7. Los cuadernos están ____________ la mochila.
   a. entre b. lejos de c. en
8. La casa está ____________ la escuela.
   a. sobre b. con c. lejos de
9. La papelera está ____________ la mesa.
   a. sin b. debajo de c. entre
10. Los estudiantes están ____________ la ventana.
    a. cerca de b. entre c. encima de

B. Now, create four items of your own and exchange them with a partner.

1. ______________________________
   a. ________ b. ________ c. ________
2. ______________________________
   a. ________ b. ________ c. ________
3. ______________________________
   a. ________ b. ________ c. ________
4. ______________________________
   a. ________ b. ________ c. ________

estructura

2.4 Numbers 31 and higher

1 **Presupuesto (*Budget*)** Using the chart, make a budget for yourself for the coming month. Write out the numbers. Share your chart with the class.

PRESUPUESTO	
Libros	
Cafetería	
Transporte	
Fines de semana	
Total:	

comunicación

1 **Encuesta** (student text p. 58) Change the categories in the first column into questions, and then use them to survey your classmates. Find at least one person for each category. Be prepared to report the results of your survey to the class.

Categorías	Nombre de tu compañero/a	Nombre de tu compañero/a
1. estudiar computación		
2. tomar una clase de psicología		
3. dibujar bien		
4. cantar bien		
5. escuchar música clásica		
6. escuchar jazz		
7. hablar mucho en clase		
8. desear viajar a España		

Nombre ______________________ Fecha ______________________

comunicación

Estudiante 1

2 **¿A qué distancia...?** (student text p. 65) You and your partner have incomplete charts that indicate the distances between Madrid and various locations. Fill in the missing information on your chart by asking your partner questions.

modelo

Estudiante 1: ¿A qué distancia está Arganda del Rey?
Estudiante 2: Está a veintisiete kilómetros de Madrid.

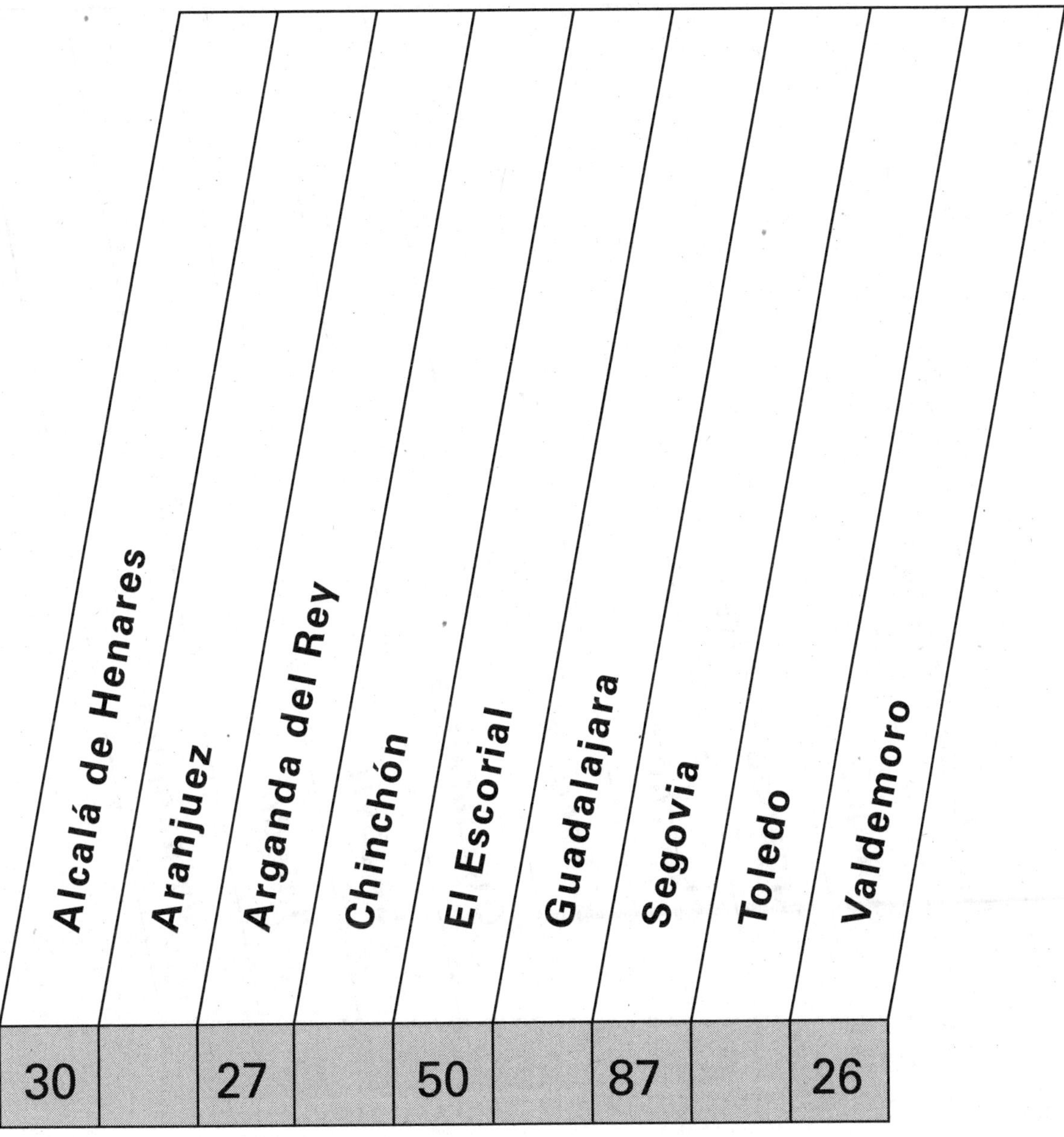

Alcalá de Henares	Aranjuez	Arganda del Rey	Chinchón	El Escorial	Guadalajara	Segovia	Toledo	Valdemoro
30		27		50		87		26

Nombre ____________________ Fecha ____________________

comunicación

Estudiante 2

2 **¿A qué distancia...?** (student text p. 65) You and your partner have incomplete charts that indicate the distances between Madrid and various locations. Fill in the missing information on your chart by asking your partner questions.

modelo

Estudiante 1: ¿A qué distancia está Arganda del Rey?
Estudiante 2: Está a veintisiete kilómetros de Madrid.

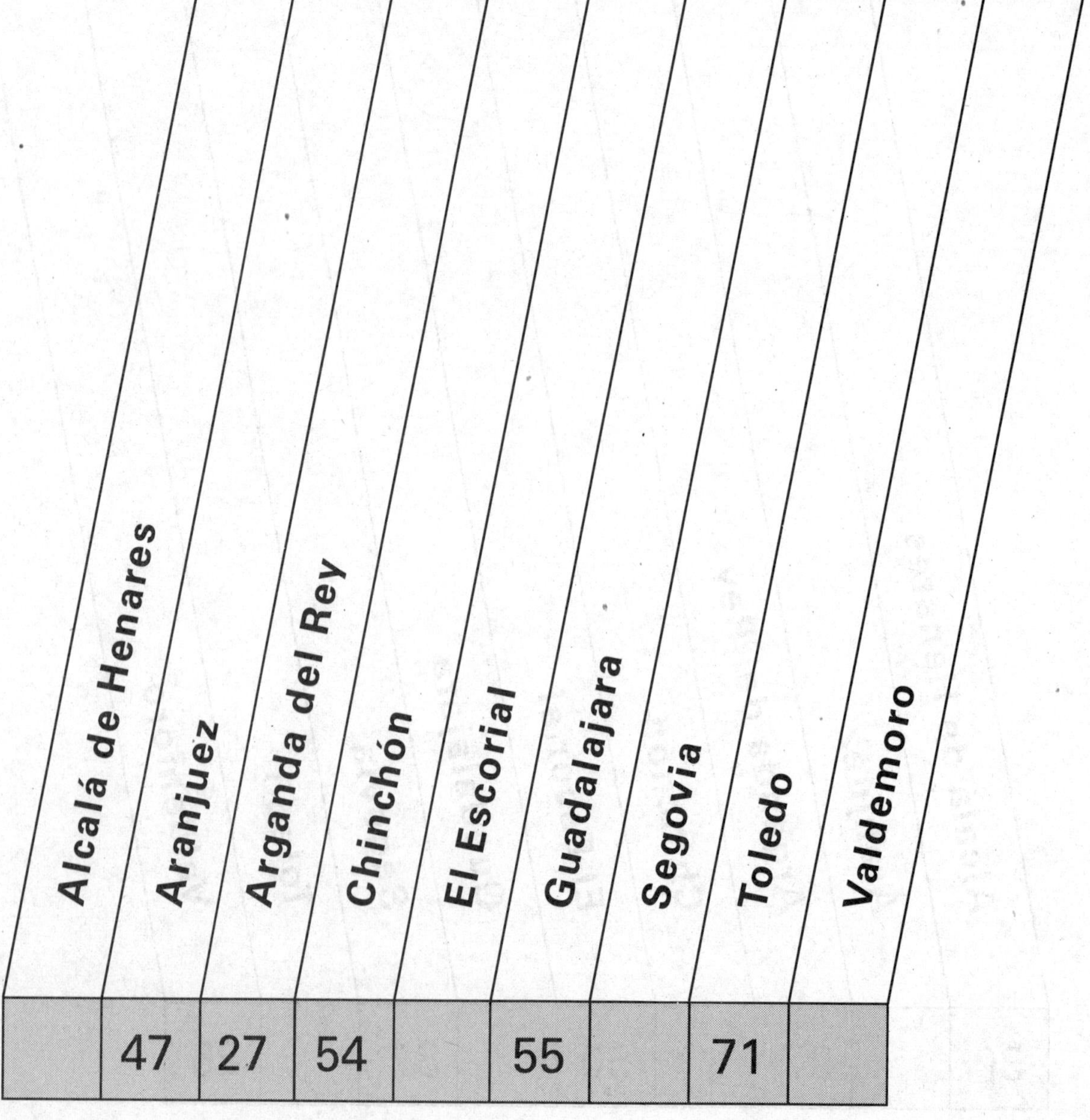

Alcalá de Henares	Aranjuez	Arganda del Rey	Chinchón	El Escorial	Guadalajara	Segovia	Toledo	Valdemoro
	47	27	54		55		71	

Nombre ____________________ Fecha ____________________

comunicación

Estudiante 1

3 **¿Quién es Pedro?** Complete the information about Pedro. Your partner has the information you are missing. Using the cues you see, ask him or her the correct questions and give him or her answers in complete sentences. Follow the model. Take notes in both the **Preguntas** column and the **Respuestas** column, because you will have to reconstruct all the information at the end. You start.

modelo

Estudiante 1 sees: *¿Quién (ser) Pedro?*
Estudiante 2 sees: *estudiante/ciencias/periodismo*
Estudiante 1 says: *¿Quién es Pedro?*
Estudiante 2 says: *Pedro es un estudiante de ciencias y periodismo.*

Preguntas	Respuestas
1. ¿Quién (ser) Pedro?	
2.	Pedro Raúl Vidal Ruiz
3. ¿De dónde (ser) Pedro?	
4.	Universidad/Sevilla/España
5. ¿Cuántas materias (tomar) en un semestre y cuáles (ser)?	
6.	física/química
7. ¿Qué clases (tomar) los martes y los jueves?	
8.	7:30
9. ¿Cuántos estudiantes (haber) en la clase de química?	
10.	68
11. ¿Dónde (desayunar)?	
12.	residencia estudiantil/6:30/tarde
13. ¿A qué hora (regresar) a la residencia estudiantil?	
14.	laboratorio/universidad
15. ¿Quién (ser) Miguel?	
16.	Julián Gutiérrez
17. ¿Dónde (practicar) el español?	
18.	librería/universidad
19. ¿Cuándo (escuchar) música?	
20.	no/domingos/descansar

Now, write down everything you have learned about Pedro on a separate sheet of paper.

Nombre ______________________ Fecha ______________________

comunicación

Estudiante 2

3 **¿Quién es Pedro?** Complete the information about Pedro. Your partner has the information you are missing. Using the cues you see, ask him or her the correct questions and give him or her answers in complete sentences. Follow the model. Take notes in both the **Preguntas** column and the **Respuestas** column, because you will have to reconstruct all the information at the end. Your partner starts.

modelo

Estudiante 1 sees: *¿Quién (ser) Pedro?*
Estudiante 2 sees: *estudiante/ciencias/periodismo*
Estudiante 1 says: *¿Quién es Pedro?*
Estudiante 2 says: *Pedro es un estudiante de ciencias y periodismo.*

Preguntas	Respuestas
1.	estudiante/ciencias/periodismo
2. ¿Cuál (ser) el nombre completo?	
3.	California/Estados Unidos
4. ¿Dónde (estudiar)?	
5.	cuatro/física/química/sociología/español
6. ¿Qué clases (tomar) los lunes y los miércoles?	
7.	sociología/español
8. ¿A qué hora (llegar) a la universidad por la mañana?	
9.	93
10. ¿Cuántos estudiantes (haber) en la clase de sociología?	
11.	cafetería/universidad
12. ¿Dónde (cenar) y a qué hora?	
13.	6/tarde
14. ¿Dónde (preparar) Pedro la tarea de química?	
15.	compañero cuarto/Pedro
16. ¿Cómo (llamarse) el profesor de español?	
17.	laboratorio/lenguas extranjeras
18. ¿Dónde (comprar) los libros?	
19.	sábados/domingos
20. ¿(Estudiar) los domingos?	

Now, write down everything you have learned about Pedro on a separate sheet of paper.

Nombre ______________________ Fecha ______________________

comunicación

4  **Construye la historia** A chemistry professor runs into some very confused students from his class. Work in groups of three and choose the correct sentence for each item. Then, add a few lines to the dialogue and act it out for the class.

PROFESOR ¿Quiénes son los estudiantes de química?

ESTUDIANTES

1. a. Aquí, somos nosotros.
   b. Aquí, es usted.
   c. Aquí, son los profesores.

PROFESOR

2. a. ¡Ah! Y ¿por qué no están en el estadio?
   b. ¡Ah! Y ¿por qué no están en el laboratorio?
   c. ¡Ah! Y ¿por qué no están en casa?

ESTUDIANTES

3. a. Porque la clase es el jueves y hoy es miércoles.
   b. Porque la ventana está al lado de la puerta.
   c. Porque nos gusta la librería.

PROFESOR

4. a. No, la clase es en la cafetería.
   b. No, la clase es en la capital.
   c. No, la clase es hoy.

ESTUDIANTES

5. a. ¿Adónde?
   b. ¿Cuántos?
   c. ¿Por qué?

PROFESOR

6. a. ¡Porque hoy estoy enfermo!
   b. ¡Porque hoy es jueves!
   c. ¡Porque hoy estudio en la biblioteca!

ESTUDIANTES

7. a. Y ¿a qué hora es la clase?
   b. Y ¿qué día es la clase?
   c. Y ¿cuántas clases son?

PROFESOR

8. a. La clase es a las diez en punto. Están en la librería ahora.
   b. La clase es a las diez en punto. Son estudiantes de matemáticas.
   c. La clase es a las diez en punto. Son las diez y cuarto ahora.

ESTUDIANTES

9. a. Bueno. Y usted, ¿qué desea?
   b. Bueno. Y usted, ¿quién es?
   c. Bueno. Y usted, ¿qué necesita?

PROFESOR

10. a. ¡Yo estoy a la izquierda de la ventana!
    b. ¡Yo soy el profesor de química!
    c. ¡Yo tomo la clase de periodismo!

comunicación

5 **Una entrevista** Each semester the local TV channel interviews a student. In groups of three, prepare an interview (**entrevista**) and act it out for the class. One person should be the student, and the other two should be the reporters (**reporteros**). Use as much vocabulary from the lesson as possible and be sure to include:

- introductions and greetings
- where he/she is from
- what he/she studies
- classes and schedules
- which classes he/she likes
- prepositions
- places in the school
- **-ar** verbs
- present tense of **estar**

Modelo

Estudiante 1: *Buenos días. Me llamo Alejandra y ella es Daniela. Nosotras somos reporteras del canal local. ¿Deseas contestar unas preguntas?*
Estudiante 2: *¿Es una entrevista?*
Estudiante 3: *Sí.*
Estudiante 2: *¡Oh! Hola. Mi nombre es Bernardo Vélez. ¿Cómo están?*
Estudiante 3: *Muy bien gracias. Bueno, ¿de dónde eres, Bernardo?*
Estudiante 2: *Soy de Puerto Rico.*

Nombre ______________________ Fecha ______________________

comunicación

6  **El horario de clases** Your teacher will give you a schedule with the classes you must take this semester, as well as all the electives. You will need to ask your classmates for the day and time of your scheduled classes and they will need to ask you for theirs. Remember to note when your classes are, so that you can share your schedule with the class and say whether you like or dislike the required classes.

Modelo

Estudiante 1: Hola. ¿Tú tomas matemáticas?
Estudiante 2: No. Yo tomo computación, ciencias y biología.
Estudiante 1: ¿Biología?
Estudiante 2: Sí.
Estudiante 1: La clase de biología es los miércoles a las 10 de la mañana.
Estudiante 2: Muchas gracias. ¿Y tú qué clases tomas?

comunicación

El horario de clases

Time: 30 minutes

Resources: Schedules

Instructions: Photocopy the schedules and cut out as many as are needed. Each schedule contains a list of classes the student must take, and information on when elective subjects are offered. Hand each student a schedule and have them circulate among their classmates and get the information they need to complete the schedules (the dates and times of the required classes).

Make sure all students participate. Tell them to be prepared to share with the class whether they like or dislike the classes they must take and their class schedule.

comunicación

6 Horarios de clases

Clases que debes tomar: matemáticas, geografía, contabilidad, economía y lenguas extranjeras

Hora	Lunes	Martes	Miércoles	Jueves	Viernes	Sábado	Domingo
8–10	biología						
10–12							
12–2			literatura				
2–4		periodismo					
4–6							

Clases que debes tomar: periodismo, arte, psicología, español, música

Hora	Lunes	Martes	Miércoles	Jueves	Viernes	Sábado	Domingo
8–10							
10–12		contabilidad			física		
12–2						historia	
2–4	inglés						
4–6							

Clases que debes tomar: biología, historia, química, literatura y humanidades

Hora	Lunes	Martes	Miércoles	Jueves	Viernes	Sábado	Domingo
8–10		matemáticas					
10–12			geografía		lenguas extranjeras		música
12–2							
2–4							
4–6							

Clases que debes tomar: administración de empresas, inglés, física, sociología y arte

Hora	Lunes	Martes	Miércoles	Jueves	Viernes	Sábado	Domingo
8–10				español		ciencias	
10–12	psicología						
12–2				economía			
2–4							
4–6							

Clases que debes tomar: ciencias, literatura, geografía, computación y psicología

Hora	Lunes	Martes	Miércoles	Jueves	Viernes	Sábado	Domingo
8–10			sociología				
10–12				química			
12–2							
2–4					arte		
4–6							

Clases que debes tomar: inglés, historia, matemáticas, química y sociología

Hora	Lunes	Martes	Miércoles	Jueves	Viernes	Sábado	Domingo
8–10							
10–12		humanidades					
12–2	administración de empresas						
2–4							
4–6				computación			

Nombre ______________________ Fecha ______________________

recapitulación

¡A repasar! Review everything you have learned in **Lección 2**.

1 **Las materias** In Spanish, write the names of three science and three humanities courses.

	las ciencias	las humanidades
1.	______________	______________
2.	______________	______________
3.	______________	______________

2 **Definiciones** Fill in the blanks with the Spanish word and article.

1. ______________ is someone who is in your class.
2. ______________ is a task assigned to students to be completed outside of class.
3. ______________ is a building where books and other materials for students are kept.
4. ______________ is a piece of furniture used for writing or reading.

3 **Los verbos** Select the **-ar** verb that goes with each sentence.

1. Mario ______________ (estudia/viaja) con su compañero Braulio en la biblioteca.
2. Bruno ______________ (trabaja/habla) inglés muy bien.
3. Mis compañeros de cuarto ______________ (escuchan/conversan) música los domingos.
4. Yo ______________ (canto/termino) mi tarea en la cafetería.

4 **Me gusta...** Choose the form of verb **gustar** that goes with each sentence.

1. A María Eugenia __________ estudiar contabilidad.

   a. le gusta b. te gusta c. me gusta

2. __________ estudiar los lunes en la biblioteca. (yo)

   a. Me gusta b. Te gusta c. Le gusta

3. A Luis no __________ los profesores de matemáticas.

   a. me gustan b. le gustan c. le gusta

4. __________ escuchar la radio en español. (tú)

   a. Le gustan b. Te gustan c. Te gusta

5 **Preguntas y respuestas** Write the questions for these answers.

1. ¿______________________________?
   Los estudiantes de geografía están en la biblioteca.
2. ¿______________________________?
   El profesor Suárez desayuna en la cafetería porque le gusta.
3. ¿______________________________?
   Hay doce chicos en la clase de biología.
4. ¿______________________________?
   Amanda y yo tomamos humanidades y computación.

6 **Estar** Fill in the blanks with the correct form of the verb **estar**.

1. Yo ______________ en casa de mi amiga.
2. Natalia y Manuela ______________ en la biblioteca.
3. ¿Dónde ______________ nosotros?
4. Tú ______________ lejos de la librería.

7 **Elegir** Indicate whether the form of the verb **estar** refers to location, health, or well-being.

1. El estadio está detrás del laboratorio de química. ______________
2. Los profesores están en la cafetería. ______________
3. Hoy estoy muy bien, gracias. ______________
4. Marcela y Roberto están enfermos. ______________

8 **Más números** Write these numbers.

1. doscientos cuarenta y cinco mil trescientos veinte ______________
2. diez millones quinientos veintitrés mil noventa y nueve ______________
3. trescientos ochenta y siete ______________
4. cincuenta y cinco mil novecientos trece ______________

9 **¡A practicar!** In groups of four, create a game or activity that can help you practice everything you learned in **Lección 2**:

- vocabulary (numbers, days of the week, classroom objects, etc.)
- the verb **estar**
- forming questions
- **-ar** verbs

Use any necessary materials. Bring your game to class and have fun!

answers to activities

Lección 2

contextos

1 Answers will vary.

2

L	A	B	O	R	A	T	O	R	I	O	N	A
I	M	M	N	G	E	O	G	R	A	F	Í	A
B	S	S	E	E	C	D	O	N	Ñ	T	U	T
R	Í	Í	S	R	O	L	T	I	C	Q	A	A
E	M	X	E	M	N	U	M	I	D	A	V	R
R	Ú	A	M	G	O	M	F	Á	Z	S	I	E
Í	S	N	E	J	M	O	S	É	F	A	D	A
A	I	E	S	L	Í	X	P	D	E	R	E	Z
T	C	R	T	E	A	O	B	L	A	S	M	I
F	A	Í	R	C	A	E	M	P	U	R	E	Ó
I	T	S	E	X	A	M	E	N	E	M	S	N
P	A	P	E	L	E	R	A	A	R	I	A	O

A. laboratorio; geografía; librería; español; tarea; semestre; papelera; tiza; mesa; pluma; examen; música **B. Lugares:** laboratorio; librería **Cosas:** tarea; semestre; papelera; tiza; mesa; pluma; examen **Materias:** geografía; español; música

3 1. incorrecto; un escritorio 2. incorrecto; una biblioteca 3. correcto 4. correcto 5. incorrecto; una pizarra 6. incorrecto; una puerta 7. incorrecto; unos relojes 8. correcto 9. incorrecto; una ventana 10. correcto 11. incorrecto; un laboratorio 12. incorrecto; una casa

estructura

2.1 Present tense of *-ar* verbs

1 1. camina 2. hablan 3. tomamos 4. dibuja 5. viaja 6. estudian 7. lleva 8. bailan 9. compra 10. desayuno 11. trabaja 12. canta

2 **Horizontales:** 2. tomar 3. hablamos 6. necesitan 9. regresa 10. estudio **Verticales:** 1. toma 4. escuchamos 5. desea 7. trabajan 8. termina

2.2 Forming questions in Spanish

1 **A.** Some answers will vary slightly. 1. Cuántos; Hay siete escritorios en la clase. 2. Qué; Son las once y veinte. 3. Dónde; El mapa está delante de la pizarra/al lado del profesor. 4. Cuántas; Hay dos mujeres en la clase. 5. Dónde; La papelera está al lado/detrás de la silla/al lado del escritorio. **B.** Answers will vary.

2.3 Present tense of *estar*

1 **A.** 1. estamos 2. está 3. está 4. estoy 5. estamos 6. estamos 7. está 8. estamos 9. estás 10. estoy 11. estoy 12. estoy 13. estás **B.** Answers will vary.

2 **A.** 1. b 2. c 3. b 4. b 5. a 6. c 7. c 8. c 9. b 10. a **B.** Answers will vary.

2.4 Numbers 31 and higher

1 Answers will vary.

comunicación

1 Answers will vary.

2 Answers will vary.

3 Answers will vary.

4 1. a 2. b 3. a 4. c 5. c 6. b 7. a 8. c 9. b 10. b

5 Answers will vary.

6 Answers will vary.

recapitulación

1 Answers will vary. Sample answers:
las ciencias: la biología; la química; la física
las humanidades: la literatura; la música; el periodismo

2 1. El compañero 2. La tarea 3. La biblioteca 4. El escritorio

3 1. estudia 2. habla 3. escuchan 4. termino

4 1. a 2. a 3. b 4. c

5 1. ¿Dónde están los estudiantes de geografía? 2. ¿Por qué el profesor Suárez desayuna en la cafetería?/¿Por qué desayuna el profesor Suárez en la cafetería? 3. ¿Cuántos chicos hay en la clase de biología? 4. ¿Quiénes toman humanidades y computación?/¿Qué clases toman Amanda y tú?

6 1. estoy 2. están 3. estamos 4. estás

7 1. location 2. location 3. well-being 4. health

8 1. 245.320 2. 10.523.099 3. 387 4. 55.913

9 Answers will vary.

Nombre ______________________ Fecha ______________________

contextos

Lección 3

1 Sopa de letras

A. Look for words that have to do with families or relationships. They can be found horizontally, vertically and diagonally. Circle the words you find and write them in the blanks.

B	I	S	A	B	U	E	L	A	H	M	T	H
B	A	S	M	A	N	H	G	T	R	A	E	E
C	U	Ñ	A	D	O	Y	R	P	P	D	O	R
L	O	S	D	I	A	R	Y	A	E	R	T	M
E	U	O	Í	E	H	O	N	D	M	E	H	A
S	M	B	O	T	I	H	P	R	I	M	A	N
P	F	R	A	N	J	T	H	A	E	R	Í	O
O	N	I	O	M	O	P	R	S	I	P	E	N
S	S	N	D	O	N	V	O	T	E	T	S	P
O	H	O	E	R	M	A	I	R	B	O	Í	N
S	T	E	U	B	A	D	Í	O	B	A	N	A
J	U	A	A	B	U	E	L	O	N	Y	S	O

1. ____________ 5. ____________ 9. ____________
2. ____________ 6. ____________ 10. ____________
3. ____________ 7. ____________ 11. ____________
4. ____________ 8. ____________ 12. ____________

B. In Spanish, define five of the words you found.

1. ______________________________
2. ______________________________
3. ______________________________
4. ______________________________
5. ______________________________

Nombre ______________________ Fecha ______________________

contextos

2 **Identificar** Complete the sentences with words from **Contextos**.

1. Daniela y Rubiela son ____________.

2. Las jóvenes son buenas ____________.

3. La ____________ es muy bonita.

4. El ____________ come una manzana (*apple*).

5. Los ____________ hablan de amor (*love*).

6. El ____________ es de Puerto Rico.

7. Él es Hernán Álvarez, es el ____________ de mi abuela.

8. A Gustavo le gustan las computadoras. Él es ____________.

9. Los ____________ de Natalia y Simón viven en México.

10. Hay mucha ____________ en el estadio hoy.

11. Los ____________ necesitan entrevistar a la gente.

12. Mi ____________ no es grande, pero (*but*) es muy interesante.

Nombre ______________________ Fecha ______________________

estructura

3.1 Descriptive adjectives

1 **Correcto o incorrecto** Make a check mark if the descriptive adjective matches the image. If they do not match, write a correct descriptive adjective.

inteligente ❍

1. ______________________

delgado ❍

2. ______________________

simpático ❍

3. ______________________

delgada ❍

4. ______________________

pequeño ❍

5. ______________________

trabajadora ❍

6. ______________________

fácil ❍

7. ______________________

fea ❍

8. ______________________

bajo ❍

9. ______________________

rubio ❍

10. ______________________

chino ❍

11. ______________________

viejo ❍

12. ______________________

estructura

3.2 Possessive adjectives

1 **Reemplazar**

A. Choose the possessive adjective that best replaces the underlined prepositional phrase in each sentence.

1. Los tíos de ellos regresan de Puerto Rico el sábado.
   a. sus b. nuestros c. su
2. La profesora de matemáticas de nosotros es muy inteligente.
   a. sus b. nuestra c. tus
3. El tío de ella, el ingeniero, habla mucho.
   a. su b. tus c. tu
4. La casa de nosotros es grande y vieja.
   a. su b. nuestra c. mis
5. Los amigos de nosotros desayunan todos los días en la cafetería.
   a. nuestro b. nuestros c. mis
6. Los padres de Daniela son artistas.
   a. su b. mi c. sus
7. La clase de economía de Luis y nosotros es a las ocho en punto.
   a. tus b. mi c. nuestra
8. Los sobrinos de Juan y Esteban esperan estudiar periodismo.
   a. sus b. mis c. tus
9. ¿Dónde están los suegros de ustedes?
   a. nuestro b. su c. sus
10. ¿Cuál es el cuñado de usted?
    a. mis b. su c. nuestros

B. Now, create four similar examples and exchange them with a partner.

1. ______
   a. ______ b. ______ c. ______
2. ______
   a. ______ b. ______ c. ______
3. ______
   a. ______ b. ______ c. ______
4. ______
   a. ______ b. ______ c. ______

Nombre ______________________ Fecha ______________________

estructura

3.2 Possessive adjectives

2

Mi, su, nuestro...

A. Natalia loves talking about her family and friends, but she always forgets which possessive adjective to use. Help her choose the correct possessive adjectives.

—Me gusta mucho hablar de (1) ______________ familia. (2) ______________ abuelos son muy viejos. (3) ______________ padres son trabajadores y simpáticos. (4) ______________ hermana pequeña, Sara, es muy inteligente. Y, bueno, (5) ______________ hermano Raúl es tonto. Y tú, ¿cómo es (6) ______________ familia?

—(7) ______________ escuela es muy grande. Yo vivo muy cerca de la escuela. (8) ______________ mejor *(best)* amiga se llama Filomena. A Filomena le gusta mucho estudiar química con (9) ______________ compañeros. Los sábados, ella visita a (10) ______________ abuelo en la capital.

—(11) ______________ otras *(other)* amigas, Cecilia y Gloria, son muy bonitas. Gloria es pelirroja porque

(12) ______________ padre es pelirrojo. Cecilia es alta porque (13) ______________ madre es alta. Y yo, bueno, yo soy delgada porque (14) ______________ padres son delgados.

B. Now, write a few sentences about yourself and your family using possessive adjectives. Share your sentences with a partner and write down what your partner shares with you.

____

____

____

____

____

____

____

____

____

Nombre ______________________ Fecha ______________________

estructura

3.3 Present tense of -er and -ir verbs

1 **Crucigrama** Solve this crossword puzzle by completing each sentence with the correct form of an **-er** or **-ir** verb from the word bank. Two verbs will not be used.

abrir	beber	comprender	deber	escribir	recibir
asistir	compartir	correr	describir	leer	vivir

Horizontales

2. Diana __________ su cuarto a sus compañeras de clase.
5. Tú __________ todos los problemas de matemáticas.
7. Nosotros __________ a la clase de ciencias los martes y jueves.
9. Yo __________ mi libro de español todos los días.
10. El abuelo __________ comer más, está muy delgado.

Verticales

1. Mis hermanos __________ en los Estados Unidos.
3. Marina __________ una composición.
4. Yo __________ mi cuarto con mi hermana.
6. Los niños __________ cerca de la casa.
8. El amigo de mi prima __________ mucho café.

Nombre ______________________ Fecha ______________________

estructura

3.4 Present tense of **tener** and **venir**

1 **Ordenar** Rearrange the words to form complete sentences.

1. quince / mi / tener / hermanastra / años

2. de / compañero / tener / clase / prisa / mi

3. hambre / amigos / sus / tener

4. sed / hermano / tener / tu

5. su / tener /madre / sueño

6. periodista / la / suerte / tener

7. gente / miedo / tener / la

8. hijos / nuestros / frío / tener

9. tener / abuelo / el / razón

10. nuestro / calor / tener / médico

Nombre ______________________ Fecha ______________________

estructura

3.4 Present tense of **tener** and **venir**

2

Una niña preguntona (*nosey*)

A. Mario's little sister is very curious and always wants to know why people do certain things. Complete Mario's answers with **tener** and **venir**.

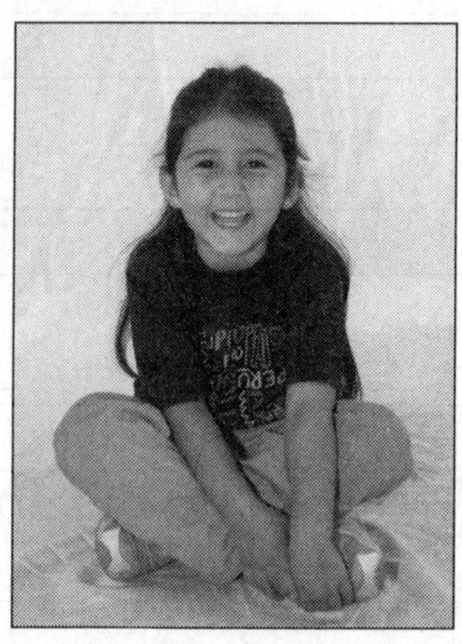

1. ¿Por qué Julián y tú no comen?
   Porque no ______________ hambre.
2. ¿Cuántos años tengo yo?
   Tú ______________ nueve años.
3. Y tú, ¿por qué bebes agua?
   Porque ______________ mucha sed.
4. ¿Por qué David no habla cuando hay mucha gente?
   Porque David ______________ miedo de hablar en público.
5. ¿Por qué corren tus amigos?
   Porque ______________ mucha prisa.
6. ¿Por qué Nelson no viene todavía (*yet*)?
   Porque hoy Nelson ______________ tarde (*late*).
7. ¿Por qué venimos caminando (*walking*)?
   Porque no ______________ en autobús.
8. ¿Quiénes vienen a la fiesta (*party*) de nuestra mamá?
   Todos nuestros tíos y primos ______________ a la fiesta.
9. Y yo, ¿cuándo vengo de la casa de los abuelos?
   Tú ______________ el martes de la casa de los abuelos.
10. Y tú, ¿de dónde vienes?
    Yo ______________ de la escuela.

B. Now, write three questions and answers of your own on a sheet of paper. Then, challenge a partner to complete them using **tener** and **venir.**

Nombre ______________________ Fecha ______________________

comunicación

Estudiante 1

1 **Diferencias** (student text p. 92) You and your partner each have a drawing of a family. Find at least five more differences between your picture and your partner's.

modelo

Estudiante 1: Susana, la madre, es rubia.
Estudiante 2: No, la madre es morena.

comunicación

Estudiante 2

1 **Diferencias** (student text p. 92) You and your partner each have a drawing of a family. Find at least five more differences between your picture and your partner's.

modelo

Estudiante 1: Susana, la madre, es rubia.
Estudiante 2: No, la madre es morena.

comunicación

Estudiante 1

2 **Horario** (student text p. 99) You and your partner each have incomplete versions of Alicia's schedule. Fill in the missing information on the schedule by talking to your partner. Be prepared to reconstruct Alicia's complete schedule with the class.

modelo

Estudiante 1: A las *ocho*, Alicia *corre.*
Estudiante 2: ¡Ah, sí! (*Writes down information.*)
Estudiante 2: A las *nueve*, ella...

Mi agenda
20 de octubre

8:00	correr
9:00	
9:30	deber ir (*go*) a la escuela
10:00	
11:00	
12:30	comer en la cafetería con Roberto y Luis
2:00	recibir y escribir correo electrónico (*e-mail*)
3:00	
4:00	leer en la biblioteca
5:00	
6:00	deber estar en casa y estudiar

Now compare your own daily planners to Alicia's.

Nombre ______________________ Fecha ______________________

comunicación

Estudiante 2

2 **Horario** (student text p. 99) Your and your partner each have incomplete versions of Alicia's schedule. Fill in the missing information on the schedule by talking to your partner. Be prepared to reconstruct Alicia's complete schedule with the class.

modelo

Estudiante 1: A las *ocho*, Alicia *corre*.
Estudiante 2: ¡Ah, sí! (*Writes down information.*)
Estudiante 2: A las *nueve*, ella...

Mi agenda 20 de octubre	
8:00	
9:00	desayunar
9:30	
10:00	asistir a la clase de historia
11:00	asistir a la clase de arte
12:30	
2:00	
3:00	Compartir el libro de historia con Margarita en la biblioteca
4:00	
5:00	Cenar en un restaurante con la familia
6:00	

Now compare your own daily planners to Alicia's.

Nombre ______________________ Fecha ______________________

comunicación

3 **Encuesta** (student text p. 99) Walk around the class and ask a different classmate a question about his/her family members. Be prepared to report the results of your survey to the class.

Actividades	Miembros de la familia
1. vivir en una casa	
2. beber café	
3. correr todos los días (*every day*)	
4. comer mucho en restaurantes	
5. recibir mucho correo electrónico (*e-mails*)	
6. comprender tres lenguas	
7. deber estudiar más (*more*)	
8. leer muchos libros	

Nombre ______________________ Fecha ______________________

comunicación

4 ¡Crea tu diálogo!

A. In pairs, practice these dialogues.

Modelo

Estudiante 1: *¿Te gusta tu familia?*
Estudiante 2: *Sí, me gusta mucho mi familia.*
Estudiante 1: *Y ¿ellos son inteligentes?*
Estudiante 2: *No mucho. Mi papá es muy tonto.*

Estudiante 1: *¿Tienen muchos compañeros de clase?*
Estudiante 2: *Sí, tenemos muchos compañeros de clase.*
Estudiante 1: *¿Sus compañeros de clase son antipáticos?*
Estudiante 2: *No, nuestros compañeros de clase son muy simpáticos.*

Estudiante 1: *¿Usted viene de su clase de matemáticas?*
Estudiante 2: *No, vengo de mi clase de contabilidad.*
Estudiante 1: *¿Usted cree que la contabilidad es fácil?*
Estudiante 2: *No, yo creo que la contabilidad es difícil.*

B. Now, combine words from the boxes below to create two conversations, similar to those in activity A. Present them to the class.

yo **ellas** **Nicolás** **Emilio y tú**	**hablar** **trabajar** **regresar** **escribir**
el profesor de arte **los periodistas** **su casa** **el cuaderno**	**alto/bajo** **bueno/malo** **bonito/feo** **grande/pequeño**

Nombre ______________________ Fecha ______________________

comunicación

5 

¡A conversar! Read the description of each personality. Enact the role of any of the characters on this page and the next page, and walk around the room greeting your classmates in Spanish. They must guess which character you chose, and you must find out which one they chose. You can switch characters whenever you want.

Modelo

Estudiante 1: Hola. *¿Cómo estás?*
Estudiante 2: Mal.
Estudiante 1: ¡Eres muy antipática!
Estudiante 2: No me gusta hablar con las personas, ¿y qué?
Estudiante 1: ¿Eres Liliana?
Estudiante 2: Sí.

	This is Pedro. He is very intelligent and loves to read. He doesn't have many friends and can be very silly.
	Marcela is nice and interesting. She loves to travel.
	This is Mariano. He is fat and short. He loves to eat but he does everything wrong in the kitchen.
	Luis is tall and handsome and always wants girls to look at him. He thinks he is intelligent but is actually not very smart.

Nombre ______________________ Fecha ______________________

comunicación

	This is Liliana. She hates reading books and doing homework. She is very unpleasant and doesn't like talking to people.
	Mr. Rodríguez is very old but important. He is always very nice to people.
	This is Diana. Diana is afraid of everything.
	This is Andrés. He loves to share with others. He is short and thin.
	This is Fernando. He is fat and handsome. He loves to sing and sings even when talking to people. He thinks he is always on stage.
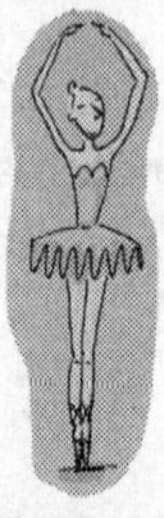	Sara is a dancer and practices all the time, even while she is talking to others. She is slender and very interesting.

comunicación

6  **¿Cuál es tu familia?** Your instructor will give you a role-play card with a description of you and your family. Walk around the room and talk to your classmates until you find all your family members. Once the whole family is together, prepare a presentation where your family presents itself to the rest of the class and each member describes his/her personality.

Modelo

Estudiante 1: Hola. ¿Cuántos años tienes?
Estudiante 2: Tengo 55 años.
Estudiante 1: ¿Tienes hijos?
Estudiante 2: Sí, tengo una hija alta y bonita.
Estudiante 1: ¿Cuántos años tiene tu hija?
Estudiante 2: Tiene 23 años.
Estudiante 1: ¡Mamá!

comunicación

¿Cuál es tu familia?

Time: 30 minutes

Resources: Role-play cards

Instructions: Photocopy the role-play cards and cut out as many as needed. Hand each student a card and have them walk around the classroom and talk with their classmates until they find their family members. Once the families are reunited, have them prepare a presentation in which each family member presents him/herself to the rest of the class and talks about his/her personality. Be sure all students participate.

You can vary the activity by asking students to bring costumes to class so they can wear clothing or makeup to look like their character. Have the class vote for the most creative, fun, or curious one.

comunicación

6 Role-play cards

Tú eres: médico, francés, 53 años	**Tu familia:** esposa: alta y bonita, 45 años hijos e hijas: un hijo, artista, inteligente y simpático, 25 años; dos gemelos: uno es pelirrojo y simpático, el otro (*other*) es moreno y antipático, 12 años
Tú eres: alta y bonita, 45 años	**Tu familia:** esposo: médico, francés, 53 años hijos e hijas: un hijo, artista, inteligente y simpático, 25 años; dos gemelos: uno es pelirrojo y simpático, el otro (*other*) es moreno y antipático, 12 años
Tú eres: artista, inteligente y simpático, 25 años	**Tu familia:** papá: médico, francés, 53 años mamá: alta y bonita, 45 años hermanos y hermanas: dos hermanos gemelos, uno es pelirrojo y simpático y el otro (*other*) es moreno y antipático, 12 años
Tú eres: pelirrojo y simpático, 12 años	**Tu familia:** papá: médico, francés, 53 años mamá: alta y bonita, 45 años hermanos y hermanas: un hermano, artista, inteligente y simpático, 25 años; un hermano gemelo, moreno y antipático
Tú eres: moreno y antipático, 12 años	**Tu familia:** papá: médico, francés, 53 años mamá: alta y bonita, 45 años hermanos y hermanas: un hermano, artista, inteligente y simpático, 25 años; un hermano gemelo, pelirrojo y simpático
Tú eres: médico, gordo, interesante, 48 años	**Tu familia:** esposa: baja y delgada, 45 años hijos e hijas: una hija, artista, bonita y baja, 22 años yernos y nueras: un yerno, periodista, guapo y simpático, 28 años nietos y nietas: un nieto, rubio, 2 años
Tú eres: baja y delgada, 45 años	**Tu familia:** esposo: médico, gordo, interesante, 48 años hijos e hijas: una hija, artista, bonita y baja, 22 años yernos y nueras: un yerno, periodista, guapo y simpático, 28 años nietos y nietas: un nieto, rubio, 2 años

6 Role-play cards

Tú eres: rubio, 2 años	**Tu familia:** mamá: artista, bonita y baja, 22 años papá: periodista, guapo y simpático, 28 años abuelo: médico, gordo, interesante, 48 años abuela: baja y delgada, 45 años tíos y tías: una tía, bonita y tonta, 25 años
Tú eres: periodista, guapo y simpático, 28 años	**Tu familia:** hermanos y hermanas: una hermana, bonita y tonta, 25 años cuñados y cuñadas: un cuñado, alto y delgado, inglés, 27 años esposa: artista, bonita y baja, 22 años hijos e hijas: un hijo, rubio, 2 años suegro: médico, gordo, interesante, 48 años suegra: baja y delgada, 45 años
Tú eres: bonita y tonta, 25 años	**Tu familia:** hermanos y hermanas: un hermano, periodista, guapo y simpático, 28 años cuñados y cuñadas: una cuñada, artista, bonita y baja, 22 años sobrinos y sobrinas: un sobrino, rubio, 2 años novio: alto y delgado, inglés, 27 años
Tú eres: alto y delgado, inglés, 27 años	**Tu familia:** novia: bonita y tonta, 25 años cuñados y cuñadas: un cuñado, periodista, guapo y simpático, 28 años
Tú eres: alto y gordo, 60 años	**Tu familia:** hijos e hijas: un hijo, programador, gordo y feo, 40 años; una hija, ingeniera, guapa y trabajadora, 32 años yernos y nueras: una nuera, antipática e inteligente, puertorriqueña, 37 años
Tú eres: programador, gordo y feo, 40 años	**Tu familia:** papá: alto y gordo, 60 años hermanos y hermanas: una hermana, ingeniera, guapa y trabajadora, 32 años esposa: antipática e inteligente, puertorriqueña, 37 años
Tú eres: antipática e inteligente, puertorriqueña, 37 años	**Tu familia:** esposo: programador, gordo y feo, 40 años suegro y suegra: un suegro, alto y gordo, 60 años cuñados y cuñadas: una cuñada, ingeniera, guapa y trabajadora, 32 años
Tú eres: ingeniera, guapa y trabajadora, 32 años	**Tu familia:** papá: alto y gordo, 60 años hermanos y hermanas: un hermano, programador, gordo y feo, 40 años cuñados y cuñadas: una cuñada, antipática e inteligente, puertorriqueña, 37 años

Nombre ______________________ Fecha ______________________

recapitulación

¡A repasar! Review everything you have learned in **Lección 3**.

1 La familia Fill in the blanks with the Spanish words for four family members.

1. ______________ 3. ______________

2. ______________ 4. ______________

2 Definiciones Write the Spanish noun and article that matches each definition.

1. ______________ is someone who is talented and can create works of aesthetic value.
2. ______________ is the male partner in a romantic relationship.
3. ______________ is someone who writes for a newspaper or magazine.
4. ______________ is a son's wife.

3 Analogías Complete the analogies using the words in the box. Two words will not be used.

alto	mismo
fácil	pequeño
malo	tonto

1. bonito : feo = bueno : ______________.
2. delgado : gordo = bajo : ______________.
3. simpático : antipático = difícil : ______________.
4. viejo : joven = grande : ______________.

4 Describir Compare these two characters. In the spaces, write four adjectives that show the differences between **Ana** and **Eduardo**. Be creative!

Ana

1. ______________
2. ______________
3. ______________
4. ______________

Eduardo

1. ______________
2. ______________
3. ______________
4. ______________

5 **Posesivos** Using the subject pronouns in parentheses as a cue, write a possessive adjective for each sentence.

1. ______________________ profesor de ciencias es muy inteligente. (nosotros)
2. La chica japonesa es ______________________ compañera de clase. (yo)
3. ______________________ hermanos son inteligentes y simpáticos. (ella)
4. ¿La esposa de Darío es ______________________ hermana? (tú)

6 **Elegir** Select the **-er** or **-ir** verb that completes each sentence.

1. Mis hijos ______________________ (aprenden/deciden) italiano con sus primos.
2. Tu hermanastro ______________________ (comprende/come) en la cafetería todos los días.
3. Felipe, Pilar y yo ______________________ (vivimos/describimos) en la residencia estudiantil.
4. Tú ______________________ (bebes/lees) muchos libros de español.

7 **Completar** Complete the e-mail message using the **-er** and **-ir** verbs in the box.

asistir comer compartir correr escribir

Para: Papá | De: Marcela | Asunto: Saludos de tu familia.

Buenos días, papá.

En casa todos estamos muy bien. Diego ya (1)____________ bien y (2)____________ todo con su gemelo, Bernardo. Mamá y Alejandra (3)____________ todas las mañanas en el parque y yo (4)____________ a mis clases todos los días. Y tú, ¿cómo estás? ¿Por qué no (5)____________?

Tu hija, Marcela.

8 ***Tener o venir*** Complete these sentences with **tener** or **venir**.

1. Mi madrastra ______________________ de Alemania el jueves.
2. Los gemelos ______________________ razón, no debemos correr en la casa.
3. Yo ______________________ al estadio todos los fines de semana.
4. Tú eres bonita y muy joven, ¡sólo ______________________ veinte años!

9 **¡A practicar!** In small groups, create and prepare a funny skit:

- vocabulary (names of professions, family relationships, etc.) you learned in this lesson
- descriptive adjectives
- possessive adjectives
- **-er** and **-ir** verbs

Use any necessary materials and be prepared to present the skit to the class.

contextos

1

B	I	S	A	B	U	E	L	A	H	M	T	H
B	A	S	M	A	N	H	G	T	R	A	E	E
C	U	Ñ	A	D	O	Y	R	P	P	D	O	R
L	O	S	D	I	A	R	Y	A	E	R	T	M
E	U	O	Í	E	H	O	N	D	M	E	H	A
S	M	B	O	T	I	H	P	R	I	M	A	N
P	F	R	A	N	J	T	H	A	E	R	Í	O
O	N	I	O	M	O	P	R	S	I	P	E	N
S	S	N	D	O	N	V	O	T	E	T	S	P
O	H	O	E	R	M	A	I	R	B	O	Í	N
S	T	E	U	B	A	D	Í	O	B	A	N	A
J	U	A	A	B	U	E	L	O	N	Y	S	O

A. bisabuela; madre; hermano; cuñado; esposo; sobrino; tía; prima; padrastro; novio; abuelo; hijo **B.** Answers will vary.

2 1. gemelas 2. amigas/hermanas/primas 3. muchacha/joven/chica 4. niño/muchacho/chico 5. novios 6. artista 7. médico/doctor 8. programador 9. abuelos 10. gente 11. periodistas 12. familia

estructura

3.1 Descriptive adjectives

1 1. correcto 2. incorrecto; gordo 3. incorrecto; antipático 4. correcto 5. incorrecto; grande 6. correcto 7. incorrecto; difícil 8. correcto 9. incorrecto; alto 10. correcto 11. incorrecto; francés 12. incorrecto; joven

3.2 Possessive adjectives

1 **A.** 1. a 2. b 3. a 4. b 5. b 6. c 7. c 8. a 9. c 10. b **B.** Answers will vary.

2 **A.** 1. mi 2. Mis/Nuestros 3. Mis/Nuestros 4. Mi/Nuestra 5. mi/nuestro 6. tu 7. Mi/Nuestra 8. Mi 9. sus 10. su 11. Mis 12. su 13. su 14. mis **B.** Answers will vary.

3.3 Present tense of *-er* and *-ir* verbs

1 **Horizontales:** 2. describe 5. comprendes 7. asistimos 9. leo 10. debe **Verticales:** 1. viven 3. escribe 4. comparto 6. corren 8. bebe

3.4 Present tense of *tener* and *venir*

1 1. Mi hermanastra tiene quince años. 2. Mi compañero de cuarto tiene prisa. 3. Sus amigos tienen hambre. 4. Tu hermano tiene sed. 5. Su madre tiene sueño. 6. La periodista tiene suerte. 7. La gente tiene miedo. 8. Nuestros hijos tienen frío. 9. El abuelo tiene razón. 10. Nuestro médico tiene calor.

2 **A.** 1. tenemos 2. tienes 3. tengo 4. tiene 5. tienen 6. viene 7. venimos 8. vienen 9. vienes 10. vengo **B.** Answers will vary.

comunicación

1 Answers will vary.

2 Answers will vary.

3 Answers will vary.

4 Answers will vary.

5 Answers will vary.

6 Answers will vary.

recapitulación

1 Answers will vary.

2 1. el/la artista 2. el novio 3. el/la periodista 4. la nuera

3 1. malo 2. alto 3. fácil 4. pequeño

4 Answers will vary. Sample answers: **Ana:** rubia; joven; bonita; interesante **Eduardo:** moreno; viejo; inteligente; feo

5 1. Nuestro 2. mi 3. Sus 4. tu

6 1. aprenden 2. come 3. vivimos 4. lees

7 1. come 2. comparte 3. corren 4. asisto 5. escribes

8 1. viene 2. tienen 3. vengo 4. tienes

9 Answers will vary.

1 **Correcto o incorrecto** Make a check mark if the word or phrase matches the image. If they do not match, write the correct word or phrase.

esquiar ❍

1. ______________________

bucear ❍

2. ______________________

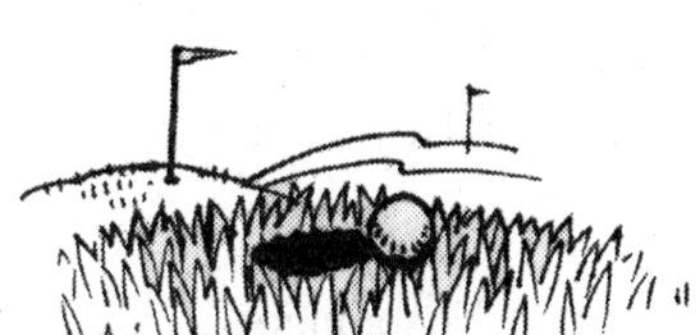

escribir un correo electrónico ❍

3. ______________________

el fútbol ❍

4. ______________________

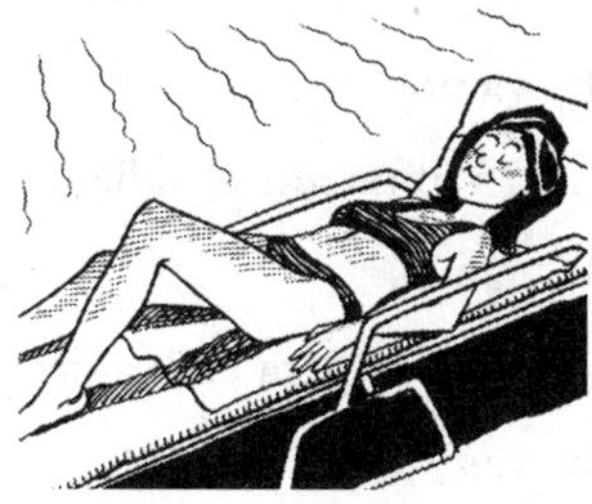

tomar el sol ❍

5. ______________________

el tenis ❍

6. ______________________

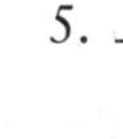

el baloncesto ❍

7. ______________________

pasear en bicicleta ❍

8. ______________________

patinar en línea ❍

9. ______________________

el golf ❍

10. ______________________

visitar un monumento ❍

11. ______________________

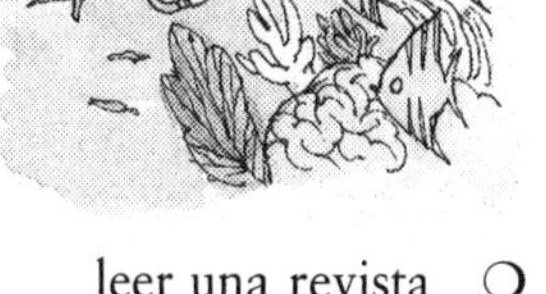

leer una revista ❍

12. ______________________

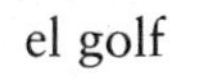

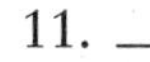

Nombre ______________________ Fecha ______________________

estructura

4.1 Present tense of **ir**

1 **Elegir**

A. Choose the form of the verb **ir** that completes each sentence.

1. Nosotros ____________ a pasear en bicicleta.
   a. voy b. vamos c. van
2. ¿Tú y tu primo ____________ al cine los sábados?
   a. van b. va c. vas
3. Mis amigos ____________ de excursión a las montañas.
   a. vamos b. vas c. van
4. El domingo ____________ al parque a caminar. (yo)
   a. voy b. va c. vas
5. El señor Rodríguez ____________ al museo con su esposa.
   a. vas b. vamos c. va
6. Antonio y yo ____________ a almorzar el sábado.
   a. van b. vamos c. va
7. ¿Cuándo ____________ a estudiar para el examen de español? (tú)
   a. voy b. vas c. va
8. Francisco ____________ a escribir una carta a su madre.
   a. va b. vamos c. van
9. Los tíos de Ángela ____________ a practicar deportes todos los días.
   a. vamos b. vas c. van
10. Eva ____________ al gimnasio los lunes.
    a. vas b. va c. van

B. Now, using the sentences above as a model, write four examples of your own and exchange them with a partner.

1. ______________________________
   a. ________ b. ________ c. ________
2. ______________________________
   a. ________ b. ________ c. ________
3. ______________________________
   a. ________ b. ________ c. ________
4. ______________________________
   a. ________ b. ________ c. ________

Nombre ______________________________ Fecha ______________________________

estructura

4.2 Stem-changing verbs: **e:ie; o:ue**

1 **Identificar** Complete each sentence with the correct form of the stem-changing verb from the box.

almorzar	dormir	entender	poder
cerrar	empezar	pensar	recordar
comer	encontrar	perder	volver

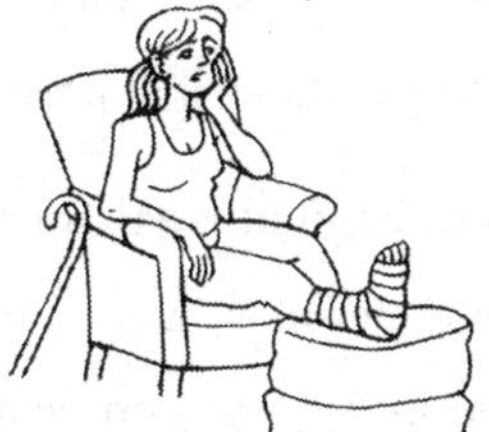

1. Olga no ______________ caminar.

2. Omar ______________ hasta el mediodía los fines de semana.

3. Los compañeros de Danilo ______________ en la cafetería.

4. Mirta ______________ la puerta.

5. Yo ______________ viajar a Costa Rica.

6. Rita no ______________ la tarea de historia.

7. ¿Por qué no quieres ______________?

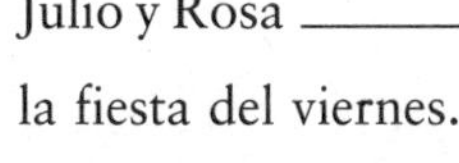

8. Julio y Rosa ______________ la fiesta del viernes.

9. David ______________ el autobús.

10. Sofía ______________ a su casa de la escuela.

11. Nosotros ______________ el monumento.

12. Tú ______________ a ir al gimnasio mañana.

Nombre ______________________ Fecha ______________________

estructura

4.2 Stem-changing verbs: **e:ie; o:ue**

2 **Pasatiempos**

A. Choose the form of the verb that completes each sentence.

—Los domingos mis hermanas y yo (1) __________ (comenzamos/comienzo) el día en el parque. Nos gusta mucho jugar al baloncesto. Cuando (2) __________ (pierden/perdemos) un partido nos vamos a casa y (3) __________ (dormimos/duermes). Cuando ganamos, (4) __________ (almorzamos/almuerza) en un restaurante del centro y (5) __________ (recuerdan/recordamos) el partido.

—El partido de vóleibol (6) __________ (empieza/empiezo) a las doce en punto. Mi amigo Iván (7) __________ (pensamos/piensa) ganar. Él (8) __________ (prefiere/preferimos) jugar con su primo Roberto porque es un buen jugador. Él no (9) __________ (quieres/quiere) jugar con Felipe porque es muy malo. La verdad, yo no (10) __________ (entendemos/entiendo) el vóleibol, por eso no voy a ver el partido.

—Hoy, Isabel y Diana (11) __________ (queremos/quieren) ir al cine. La película (12) __________ (comienzo/comienza) a las tres de la tarde. Ellas (13) __________ (piensas/piensan) salir a la una porque el cine está lejos de su casa. Mi hermana Sandra (14) __________ (contamos/cuenta) con ellas para ir al cine, pero creo que ellas (15) __________ (prefieren/preferimos) ir con sus novios.

B. Now, write a few sentences, using stem-changing verbs, talking about a walk you took in the park. Share these with your partner and write down what he/she shares with you.

Nombre _______________ Fecha _______________

estructura

4.3 Stem-changing verbs: e:i

1 **Ordenar** It's late and Alberto still hasn't finished his homework. He was supposed to write ten sentences using stem-changing verbs but is very disorganized and wrote them in the wrong order. Help Alberto redo his homework by rearranging the elements to form complete sentences.

1. conseguir / mi / hermano / videojuegos / sus / centro / en / el

   _______________.

2. Luis / decir / almorzar / que / restaurante / ser / en / el / malo

   _______________.

3. papás / ir / cine / pedir / permiso / nosotros / a / para / nuestros / al

   _______________.

4. yo / esperando / seguir / iglesia / Juan / ir / a / para / la / a

   _______________.

5. una / tú / pedir / los / días / todos / bicicleta

   _______________.

6. béisbol / partido / pelota / conseguir / yo / la / para / el / de

   _______________.

7. Ramón y Teresa / simpático / yo / decir / que / ser / muy

   _______________.

8. seguir / tu / no / por / qué / con / novio / ¿?

   _______________.

9. favores / todo / Beatriz / pedir / el / tiempo

   _______________.

10. repetir / profesor / el / la / lección / México / historia / de / sobre / la

    _______________.

Nombre ______________________ Fecha ______________________

estructura

4.3 Stem-changing verbs: e:i

2 **Completar**

A. Andrés ran into his friend Eduardo while leaving his biology class. Complete their conversation using the verbs in parentheses.

ANDRÉS Hola, Eduardo. ¿(1) ____________ (Seguir) viviendo (*living*) en la casa cerca del estadio?

EDUARDO Hola, Andrés. Sí, (2) ____________ (seguir) viviendo en esa (*that*) casa. Es muy grande y, además, cuando hay partido de fútbol, (3) ____________ (conseguir) los boletos muy fácil.

ANDRÉS Ah, ¡qué bueno! Mi hermano (4) ____________ (decir) que ver el fútbol es perder el tiempo.

EDUARDO No, al contrario (*on the contrary*), es muy bueno. Yo siempre (5) ____________ (repetir) la misma frase: "El fútbol es muy divertido". La verdad, es mi deporte favorito.

ANDRÉS Bueno, entonces mañana vamos al partido. Yo le (6) ____________ (pedir) dinero (*money*) a mi compañero de casa.

EDUARDO Oye Andrés, ¿por qué tienes que pedir dinero? ¡Mañana es gratis (*free*)!

B. With a partner, write four additional lines to expand the dialogue. Then, act out the complete dialogue for the class.

____

____

____

____

____

____

Nombre ______________________ Fecha ______________________

estructura

4.4 Verbs with irregular **yo** forms

1 **Emparejar**

A. Match the phrases in column A with the endings in column B to form complete sentences.

A		B
1. Yo hago...	____	a. de mi casa a las 7 en punto.
2. Lina siempre trae...	____	b. la tarea de matemáticas.
3. Yo veo...	____	c. las fotografías de la fiesta.
4. Mis sobrinos dicen...	____	d. un diccionario a la clase de español.
5. Yo pongo...	____	e. la pelota detrás de la puerta.
6. Nosotros salimos...	____	f. a bailar juntos los viernes.
7. Mi tía Matilde pone...	____	g. un monumento en la plaza.
8. Yo salgo...	____	h. la radio.
9. El artista hace...	____	i. la televisión.
10. Los suegros de Mateo traen...	____	j. muchas mentiras.

B. Now, write three new examples, using verbs with irregular **yo** forms. Challenge a classmate to form complete sentences!

A		B
1. ______________________	____	a. ______________________
2. ______________________	____	b. ______________________
3. ______________________	____	c. ______________________

Nombre ______________________ Fecha ______________________

estructura

4.4 Verbs with irregular yo forms

2 **Oraciones** Create eight sentences using the cues provided.

Modelo

yo / salir
Yo salgo de la universidad a las seis de la tarde.

A	B
yo	decir hacer oír poner salir suponer traer ver

1. ____

2. ____

3. ____

4. ____

5. ____

6. ____

7. ____

8. ____

Nombre ______________________ Fecha ______________________

comunicación

Estudiante 1

1 **Crucigrama** (student text p. 119) You and your partner each have incomplete crossword puzzles. Yours has the words your partner needs and vice versa. In order to complete the puzzle, take turns giving each other clues, using definitions, examples, and phrases.

Modelo

5 horizontal: Es un deporte que practicamos en la piscina.
8 vertical: Es un mensaje que escribimos con lápiz o con bolígrafo.

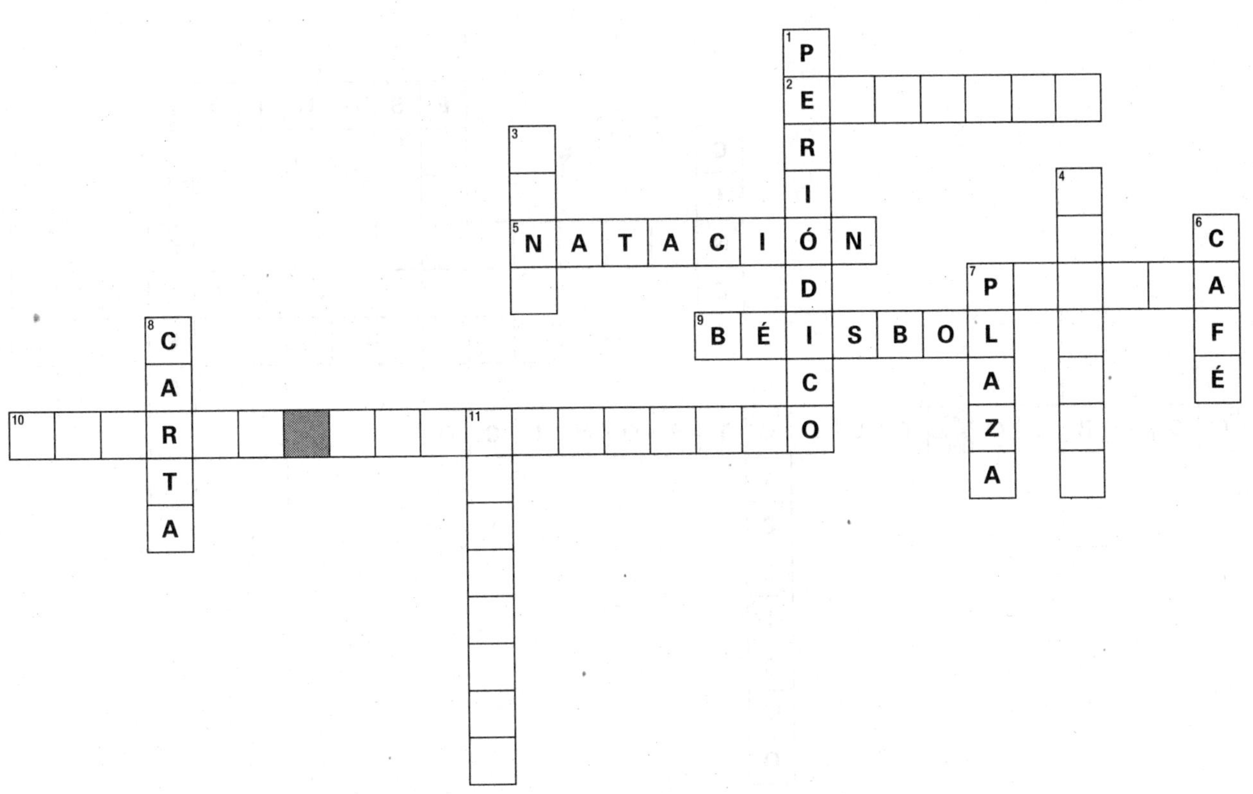

comunicación

Estudiante 2

1 **Crucigrama** (student text p. 119) You and your partner each have incomplete crossword puzzles. Yours has the words your partner needs and vice versa. In order to complete the puzzle, take turns giving each other clues, using definitions, examples, and phrases.

Modelo

5 horizontal: *Es un deporte que practicamos en la piscina.*
8 vertical: *Es un mensaje que escribimos con lápiz o con bolígrafo.*

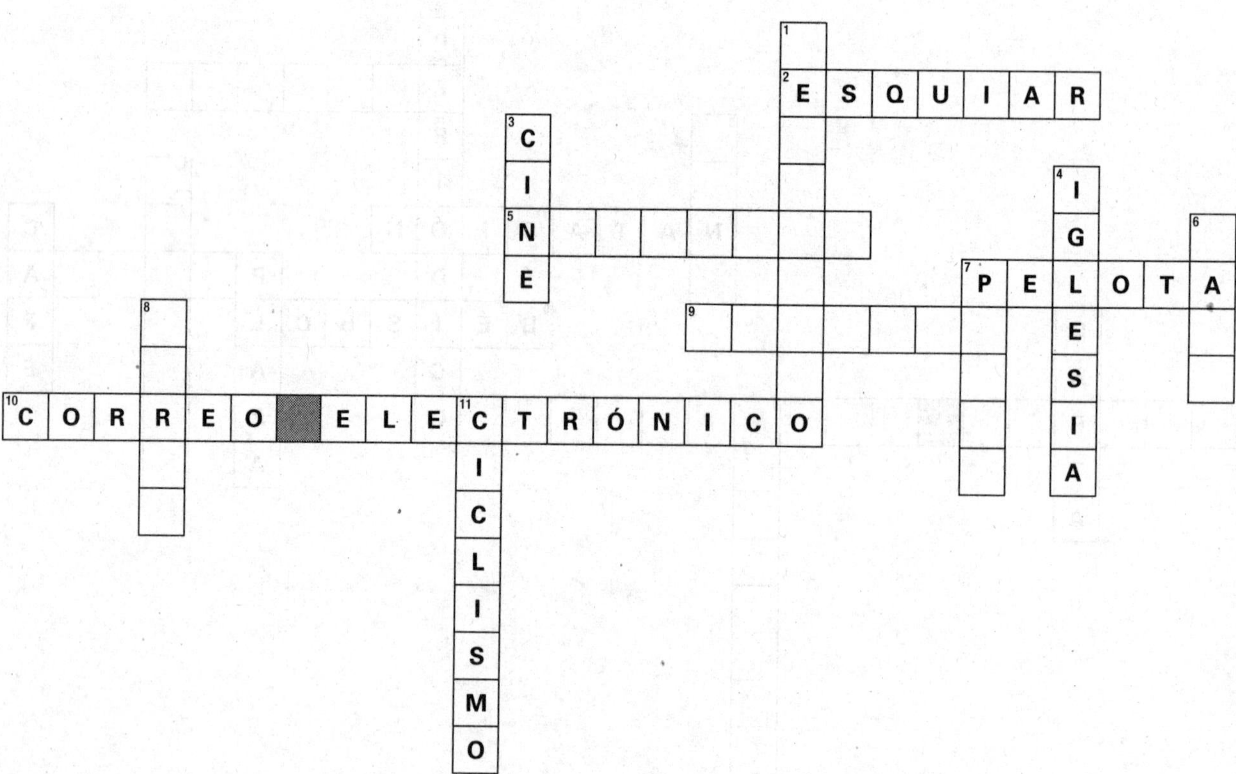

Nombre ____________________ Fecha ____________________

comunicación

2 **Encuesta** (student text p. 128) Walk around the class and ask your classmates if they are going to do these activities today. Find one person to answer **Sí** and one to answer **No** for each item and note their names on the worksheet in the appropriate column. Be prepared to report your findings to the class.

Modelo

Tú: ¿Vas a leer el periódico hoy?
Ana: *Sí, voy a leer el periódico hoy.* ***Ana Sí***
Luis: *No, no voy a leer el periódico hoy.* ***Luis No***

Actividades	Sí	No
1. comer en un restaurante chino		
2. leer el periódico		
3. escribir un mensaje electrónico		
4. correr 20 kilómetros		
5. ver una película de horror		
6. pasear en bicicleta		

Nombre ______________________ Fecha ______________________

comunicación

Estudiante 1

3 **Situación** (student text p. 132) You and your partner each have a partially illustrated itinerary of a city tour. Complete the itineraries by asking each other questions using the verbs in the captions and vocabulary you have learned.

Modelo

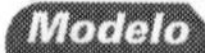

Estudiante 1: *Por la mañana, empiezan en el café.*
Estudiante 2: *Y luego…*

Vocabulario útil

después *afterwards* | por la mañana *in the morning*
luego *later* | por la noche *at night*
más tarde *later* | por la tarde *in the afternoon*

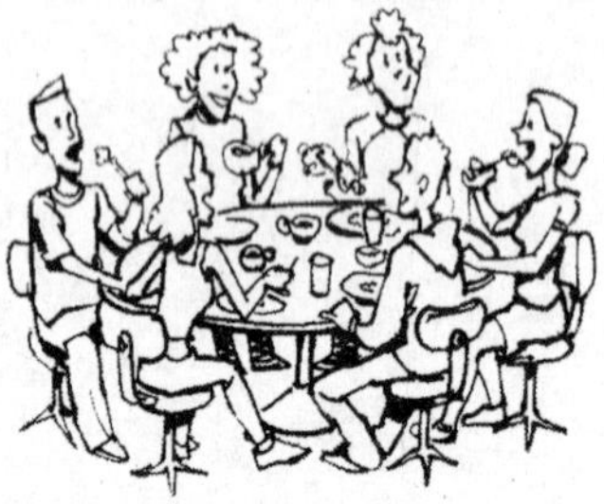 **empezar**		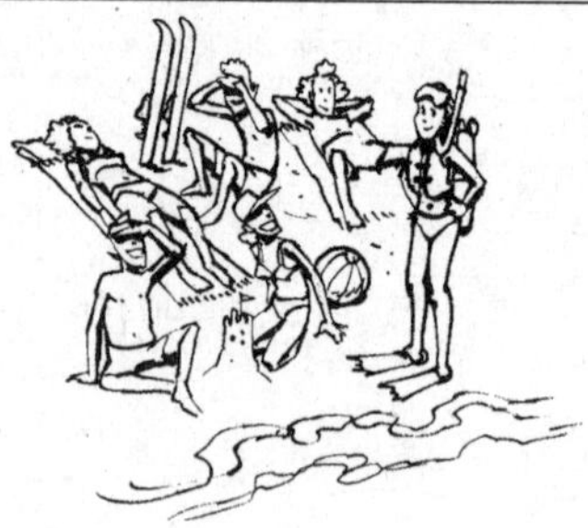 **querer**
	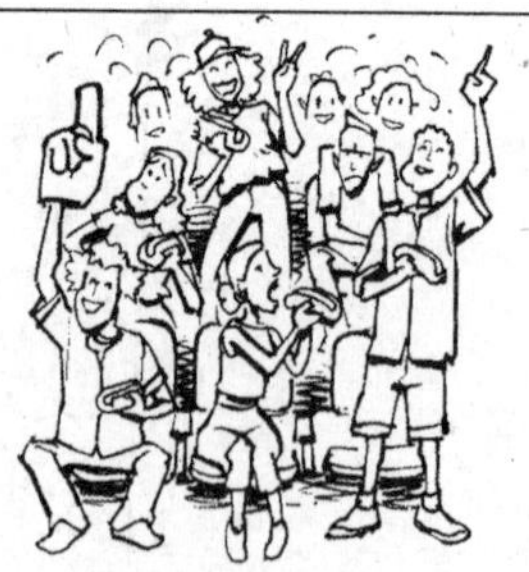 **almorzar**	
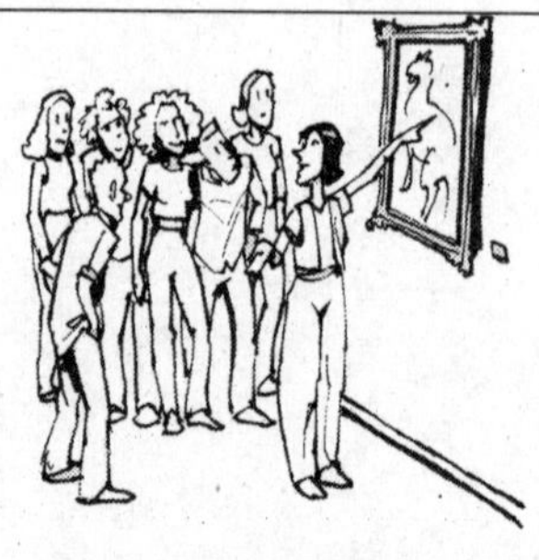 **mostrar**		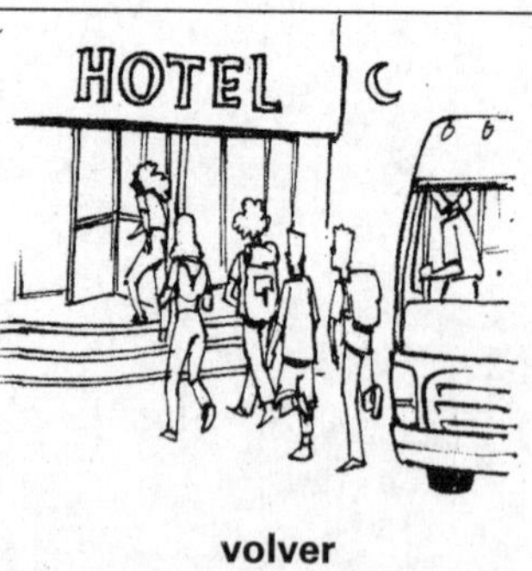 **volver**

Nombre ______________________ Fecha ______________________

comunicación

Estudiante 2

3 **Situación** (student text p. 132) You and your partner each have a partially illustrated itinerary of a city tour. Complete the itineraries by asking each other questions using the verbs in the captions and vocabulary you have learned.

Modelo

Estudiante 1: *Por la mañana, empiezan en el café.*
Estudiante 2: *Y luego...*

Vocabulario útil

después *afterwards*	**por la mañana** *in the morning*
luego *later*	**por la noche** *at night*
más tarde *later*	**por la tarde** *in the afternoon*

Nombre ____________________ Fecha ____________________

comunicación

4 **¿Quien?** (student text p. 134) Walk around the room and talk to your classmates until you find someone who does each of these activities. Use **e:ie, o:ue,** and **e:i** stem-changing verbs.

Modelo

pedir consejos con frecuencia
Estudiante 1: *¿Pides consejos con frecuencia?*
Estudiante 2: *No, no pido consejos con frecuencia.*
Estudiante 3: *Sí, pido consejos con frecuencia. (Write students' names.)*

Actividades	¿Quién?
1. conseguir entradas gratis (*free*) para conciertos	
2. pedir consejos (*advice*) con frecuencia	
3. volver tarde a casa	
4. preferir leer en el gimnasio	
5. seguir las instrucciones de un manual	
6. perder el teléfono celular (*cell phone*) con frecuencia	

Nombre ______________________ Fecha ______________________

comunicación

5  **Construye la historia** In pairs, expand the dialogue by choosing a sentence for each item. Then, act out the dialogue in front of the class with your partner, changing the sports and hobbies to match your own interests if you'd like.

MANUELA La verdad, no me gustan los partidos de fútbol americano.

RAFAEL

1. a. ¿En serio? Yo pienso que soy muy interesante.
   b. ¿En serio? Yo pienso que son muy interesantes.
   c. ¿En serio? Yo pienso que son muy delgados.

MANUELA

2. a. Sí, es en serio. Además, no comprendo por qué los jugadores tienen sed.
   b. Sí, es en serio. Además, no comprendo por qué los jugadores tienen que ver películas.
   c. Sí, es en serio. Además, no comprendo por qué los jugadores tienen que ser gordos.

RAFAEL

3. a. No son gordos, son muy fuertes.
   b. No son jugadores, son personas.
   c. No son gordos, son monumentos.

MANUELA

4. a. ¿Crees que son fuertes? Pues el partido comienza a las seis.
   b. ¿Crees que son fuertes? Pues yo cierro los ojos cuando los veo, ¡son muy feos!
   c. ¿Crees que son fuertes? Pues puedes ir a ver una película.

RAFAEL

5. a. ¿Cierras los ojos? Entonces, ¿cómo ves los partidos?
   b. ¿Cierras los ojos? Entonces, ¿cómo duermes?
   c. ¿Cierras los ojos? Entonces, ¿cómo juegas?

MANUELA

6. a. No juego los partidos. Prefiero dormir.
   b. No veo las películas. Prefiero escuchar la radio.
   c. No veo los partidos. Prefiero escuchar la radio.

RAFAEL

7. a. Escuchar la radio está mal, pero ver los partidos de fútbol también.
   b. Escuchar la radio está bien, pero ver los partidos de fútbol americano es mi pasatiempo favorito.
   c. Escuchar la radio está bien, pero los sábados son mis días favoritos.

MANUELA

8. a. ¿De verdad? Pues mi pasatiempo favorito son las tareas. Ahora voy al centro a conseguir una nueva.
   b. ¿De verdad? Pues mi pasatiempo favorito son los videojuegos. Ahora voy al centro a conseguir uno nuevo.
   c. ¿De verdad? Pues mi pasatiempo favorito es el estadio. Ahora voy al centro a conseguir un nuevo.

RAFAEL

9. a. ¿Las películas? ¡Qué bien! ¿Y de qué es la nueva película que vas a conseguir en el centro?
   b. ¿Los diccionarios? ¡Qué bien! ¿Y de qué es el nuevo diccionario que vas a conseguir en el centro?
   c. ¿Los videojuegos? ¡Qué bien! ¿Y de qué es el nuevo videojuego que vas a conseguir en el centro?

MANUELA

Ehhm, de fútbol americano.

comunicación

6 

Pasatiempos Your instructor will give you a role-play card showing the place where you are headed and hobbies. Walk around the room and talk to your classmates until you find someone who shares a hobby. Then, prepare a conversation using the hobbies on your role-play cards. Be prepared to role-play your conversation for the class.

Modelo

Estudiante 1: Hola, Luisa. ¿Cómo estás?
Estudiante 2: Hola, Alberto. Muy bien, gracias.
Estudiante 1: ¿Adónde vas?
Estudiante 2: Voy a la biblioteca. Necesito escribir unos correos electrónicos. Y tú, ¿adónde vas?
Estudiante 1: Voy al parque a pasear en bicicleta. ¿Quieres ir conmigo?
Estudiante 2: No, no me gusta pasear en bicicleta, prefiero leer una revista.
Estudiante 1: Hmm. Bueno, ¿por qué no vemos un partido de baloncesto?
Estudiante 2: Sí. Me gusta el baloncesto.
Estudiante 1: Bueno, vamos.

comunicación

Pasatiempos

Time: 30 minutes

Resources: Role-play cards

Instructions: Photocopy the role-play cards and cut out as many as needed. Have each student take a card and walk around the room talking to classmates until he/she finds someone who shares a hobby. Then, they should prepare a conversation based on the hobbies on their role-play cards and present it to the rest of the class. Make sure all students participate.

You can vary the activity by giving the students the opportunity to write down their own hobbies instead.

comunicación

6 Role-play cards

lugar: la biblioteca

pasatiempos: escribir correos electrónicos / jugar vóleibol / ver películas

lugar: el parque

pasatiempos: pasear en bicicleta / patinar / leer una revista

lugar: la piscina

pasatiempos: nadar / esquiar / leer un libro

lugar: las montañas

pasatiempos: ir de excursión / bucear / tomar el sol

lugar: el estadio

pasatiempos: el béisbol / ver partidos de fútbol / esquiar

lugar: el parque

pasatiempos: leer un periódico / pasear / escalar montañas

lugar: la plaza

pasatiempos: leer correo electrónico / el tenis / pasear en bicicleta

lugar: el centro

pasatiempos: visitar monumentos / andar en patineta / escalar montañas

lugar: el café

pasatiempos: los videojuegos / bucear / escribir cartas

lugar: el cine

pasatiempos: ver películas / jugar golf / escuchar música

Nombre ______________________ Fecha ______________________

recapitulación

¡A repasar! Review everything you have learned in **Lección 4**.

1 **Los deportes** Unscramble the letters to name a sport.

1. AACTÓNNI ______________________
2. LLOÓVBEI ______________________
3. OLICSCMI ______________________
4. USEQÍ ______________________

2 **No pertenece** Identify the word that doesn't belong in each group.

1. iglesia • gimnasio • museo • golf
2. baloncesto • tenis • parque • hockey
3. bicicleta • patines • pelota • equipo
4. lugar • periódico • revista • correo electrónico

3 **Definiciones** Write the Spanish word and article that matches each definition.

1. ______________ is a round object that is hit, thrown or kicked in games.
2. ______________ is a type of game that can be played on a computer.
3. ______________ is a place where historic, artistic, or scientific objects are collected and displayed.
4. ______________ is an open area found in the center of a town, where the community can gather.

4 **¿Adónde van?** Fill in the blanks with **ir**.

1. Benjamín ______________________ a su clase de arte todos los jueves.
2. Mis parientes ______________________ a comprar un restaurante en el centro.
3. Miriam y yo ______________________ de excursión a las montañas.
4. ¿Cuándo ______________________ a pasear en tu bicicleta nueva?

5 **¿Cuál es el verbo?** Choose the stem-changing verb that matches each sentence.

1. Yo ______________ con mis abuelos todos los domingos.
   a. almuerzo b. encuentro c. muestro
2. Tú ______________ escribir cartas que leer revistas.
   a. comienzas b. piensas c. prefieres
3. David y Óscar ______________ estudiar ciencias en la universidad.
   a. entienden b. quieren c. pierden
4. Liliana no ______________ ir a escalar montañas mañana.
   a. duerme b. vuelve c. puede

6 **Escoger** Select the verb that completes each sentence.

1. Sara ____________________ (consigue/sigue) sus libros en una librería cerca del cine.
2. Yo ____________________ (repito/pido) una revista para leer en la biblioteca.
3. ¿Tú ____________________ (pides/dices) que puedes dormir sin cerrar los ojos?
4. Manuela y Nelson ____________________ (repiten/consiguen) siempre la misma frase: "Somos novios".

7 **Completar** Complete the paragraph with the verbs in the box.

hacer	salir
oír	traer
poner	ver

Hola, me llamo Ramón. Soy estudiante y soy muy inteligente. Soy trabajador y siempre (1) ______________ mi tarea. (2) ______________ para la escuela a las siete y media de la mañana y cuando vuelvo (3) ______________ mis libros para poder estudiar en mi casa. En la noche (4) ______________ la radio o (5) ______________ la televisión. Y tú, ¿(6) ______________ la radio o ves la televisión?

8 **Reemplazar** Choose the options that can replace the underlined words.

1. Cristina va a <u>la iglesia</u>.
   a. la piscina b. la pelota c. el videojuego
2. Isabel y yo ponemos <u>la radio</u>.
   a. el restaurante b. el jugador c. la televisión
3. Yo juego <u>baloncesto</u> en el parque.
   a. favorito b. béisbol c. bicicleta
4. Ellas leen <u>su correo electrónico</u> en el café.
   a. su periódico b. su deporte c. su gimnasio

9 **¡A practicar!** In groups of three, write and prepare a TV interview of a famous athlete. Make sure you use the grammar concepts and vocabulary that you have learned in this chapter:

- vocabulary (names of hobbies, sports, places, etc.)
- present tense of verb **ir**
- stem-changing verbs **e:ie; o:ue; e:i**
- verbs with irregular **yo** forms

Use any necessary materials, and if resources allow, film the TV show and present it to the class.

answers to activities

Lección 4

contextos

1 1. correcto 2. incorrecto; visitar un monumento 3. incorrecto; el golf 4. incorrecto; escribir un correo electrónico 5. correcto 6. incorrecto; leer una revista 7. correcto 8. incorrecto; el fútbol 9. correcto 10. incorrecto; pasear en bicicleta 11. incorrecto; el tenis 12. incorrecto; bucear

2 **Horizontales:** 2. esquiar 5. natación 7. pelota 9. béisbol 10. correo electrónico **Verticales:** 1. periódico 3. cine 4. iglesia 6. café 7. plaza 8. carta 11. ciclismo

estructura

4.1 Present tense of *ir*

1 **A.** 1. b 2. a 3. c 4. a 5. c 6. b 7. b 8. a 9. c 10. b **B.** Answers will vary.

4.2 Stem-changing verbs: e:ie; o:ue

1 1. puede 2. duerme 3. almuerzan 4. cierra 5. pienso 6. entiende 7. quieres 8. recuerdan 9. pierde 10. vuelve 11. encontramos 12. empiezas

2 **A.** 1. comenzamos 2. perdemos 3. dormimos 4. almorzamos 5. recordamos 6. empieza 7. piensa 8. prefiere 9. quiere 10. entiendo 11. quieren 12. comienza 13. piensan 14. cuenta 15. prefieren **B.** Answers will vary.

4.3 Stem-changing verbs: e:i

1 Some answers may vary. Suggested answers: 1. Mi hermano consigue sus videojuegos en el centro. 2. Luis dice que almorzar en el restaurante es malo. 3. Nosotros pedimos permiso a nuestros papás para ir al cine. 4. Yo sigo esperando a Juan para ir a la iglesia. 5. Tú pides todos los días una bicicleta. 6. Yo consigo la pelota para el partido de béisbol. 7. Ramón y Teresa dicen que yo soy muy simpático. 8. ¿Por qué no sigues con tu novio? 9. Beatriz pide favores todo el tiempo. 10. El profesor repite la lección sobre la historia de México.

2 **A.** 1. Sigues 2. sigo 3. consigo 4. dice 5. repito 6. pido **B.** Answers will vary.

4.4 Verbs with irregular *yo* forms

1 Some answers may vary. Suggested answers: **A.** 1. b 2. d 3. i 4. j 5. h 6. f 7. e 8. a 9. g 10. c **B.** Answers will vary.

2 Answers will vary.

comunicación

1 Answers will vary.

2 Answers will vary.

3 Answers will vary.

4 Answers will vary.

5 1. b 2. c 3. a 4. b 5. a 6. c 7. b 8. b 9. c

6 Answers will vary.

recapitulación

1 1. natación 2. vóleibol 3. ciclismo 4. esquí

2 1. golf 2. parque 3. equipo 4. lugar

3 1. la pelota 2. el videojuego 3. el museo 4. la plaza

4 1. va 2. van 3. vamos 4. vas

5 1. a 2. c 3. b 4. c

6 1. consigue 2. pido 3. dices 4. repiten

7 1. hago 2. Salgo 3. traigo 4. oigo/pongo 5. veo/pongo 6. oyes/pones

8 1. a 2. c 3. b 4. a

9 Answers will vary.

Nombre ______________________ Fecha ______________________

contextos

Lección 5

1 **Correcto o incorrecto** Make a check mark if the caption matches the image. If they do not match, write a new caption.

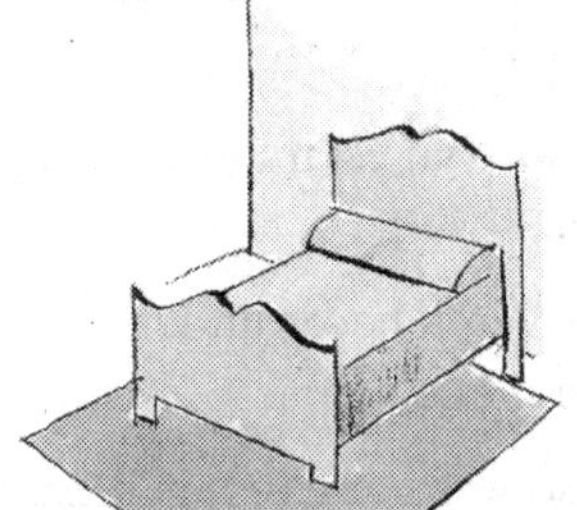

el equipaje ❍

1. ______________________

el mar ❍

2. ______________________

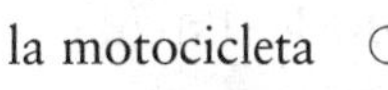

la motocicleta ❍

3. ______________________

el hotel ❍

4. ______________________

el ascensor ❍

5. ______________________

el aeropuerto ❍

6. ______________________

el avión ❍

7. ______________________

la playa ❍

8. ______________________

la habitación ❍

9. ______________________

la llave ❍

10. ______________________

el campo ❍

11. ______________________

la cama ❍

12. ______________________

Nombre ______________________ Fecha ______________________

contextos

2 **Crucigrama** Solve this crossword puzzle.

Horizontales

3. ¿Vamos a ver un bonito __________ en las montañas?
5. Diana y Gloria van de __________ al centro.
8. En la agencia de viajes trabajan tres __________.
10. Los __________ toman muchas fotos desde el tren.

Verticales

1. Nos vemos en la __________ de autobuses a las 5:00 p.m.
2. Mi hermano y yo estamos de __________ en la playa.
4. Tus padres van a hacer un __________ el próximo mes.
6. Nosotros somos los __________ de la habitación 302.
7. El __________ puede llevar sus maletas a la habitación.
9. Disculpe, señor, tengo que irme. ¿Dónde está la __________?

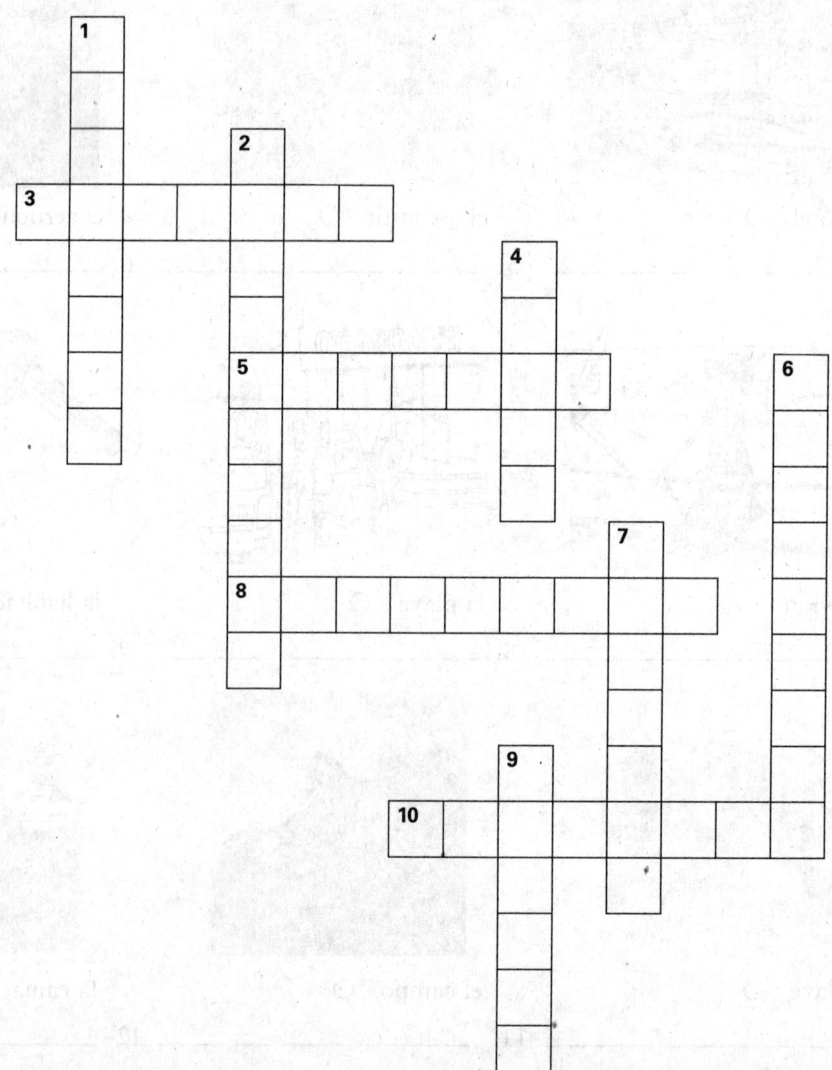

Nombre ______________________ Fecha ______________________

estructura

5.1 Estar with conditions and emotions

1 **Identificar** Complete the sentences using **estar** and an adjective from the box.

abierto/a	cómodo/a	desordenado/a	feliz
aburrido/a	confundido/a	enamorado/a	ocupado/a
cansado/a	contento/a	enojado/a	triste

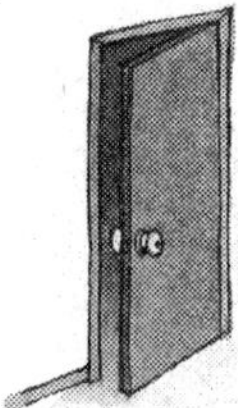

1. ¿La puerta ____________ ____________?

2. Rubén y Maritza ____________ ____________.

3. Felipe ____________ muy ____________ en el sofá.

4. La habitación de mi hermano siempre ____________ ____________.

5. Mis amigos, Juanita y Eduardo, ____________ ____________.

6. El señor Vélez ____________ ____________.

7. Las chicas ____________ ____________.

8. ¿Por qué (tú) ____________ ____________?

9. El ingeniero Ríos ____________ ____________.

10. Hoy yo ____________ muy ____________ porque no hace sol.

11. Germán ____________ ____________; debe limpiar su cuarto.

12. Nosotros ____________ ____________.

Nombre ______________________ Fecha ______________________

estructura

5.1 Estar with conditions and emotions

2 **Oraciones** Write eight sentences using the present tense of **estar** and the cues provided.

Modelo

los huéspedes / listo/a
Los huéspedes están listos para salir para el aeropuerto.

A	B
Efraín	alegre
el huésped	avergonzado/a
Juan y Diego	cerrado/a
la escuela	equivocado/a
las estaciones del metro	listo/a
los agentes de viajes	nervioso/a
Mariana	ocupado/a
nosotros	preocupado/a (por)
nuestros amigos	seguro/a
tú	sucio/a
yo	

1. ______________________________

2. ______________________________

3. ______________________________

4. ______________________________

5. ______________________________

6. ______________________________

7. ______________________________

8. ______________________________

Nombre ______________________ Fecha ______________________

estructura

5.2 The present progressive

1 **La mamá de Juan**

A. Juan's mother is always asking what he and his friends are doing. Help Juan answer her by choosing a verb to complete each sentence.

1. Sí, mamá, mis compañeros y yo estamos ____________ para el examen de biología.
   a. cantando b. estudiando c. decidiendo
2. Sí, mamá, yo estoy ____________ la radio.
   a. escuchando b. leyendo c. viniendo
3. Sí, mamá, ellos están ____________ con la profesora de español.
   a. recibiendo b. abriendo c. hablando
4. Sí, mamá, Diana está ____________ muy mal.
   a. compartiendo b. durmiendo c. volviendo
5. Sí, mamá, María está ____________ una película de Almodóvar.
   a. viendo b. saliendo c. cerrando
6. Sí, mamá, Pedro está ____________ las fotos de su viaje a la playa.
   a. bailando b. jugando c. mostrando
7. Sí, mamá, yo estoy ____________ en la cafetería de la escuela.
   a. recordando b. buscando c. comiendo
8. Sí, mamá, nosotros estamos ____________ monumentos en el centro.
   a. perdiendo b. visitando c. deseando
9. Sí, mamá, mis amigos están ____________ en ir a Cancún en mayo.
   a. regresando b. llevando c. pensando
10. Sí, mamá, ¡los niños están ____________ en el museo!
    a. corriendo b. volviendo c. recibiendo

B. Now, in pairs, choose four sentences and act out a conversation between Juan and his mother.

Nombre ______________________ Fecha ______________________

estructura

5.2 The present progressive

2 **De vacaciones** Doña María's family is on vacation at the beach. Describe what each person is doing.

Diana ____

____.

Doña María ____

____.

Jairo y Natalia ____

____.

Rosita ____

____.

Pablo ____

____.

Andrés ____

____.

Nombre ______________________ Fecha ______________________

estructura

5.3 Ser and estar

1 **Emparejar**

A. Match each sentence with the explanation of when to use **ser** or **estar**.

A		B
1. Paula y yo estamos montando a caballo en el campo.	___	a. Nationality and place of origin
2. El piso es de madera.	___	b. Location or spatial relationships
3. Juan Carlos y Rosa están muy tristes.	___	c. Possession
4. Elena es programadora.	___	d. Emotional states
5. El hotel está detrás del aeropuerto.	___	e. Where and when an event takes place
6. Las maletas son de Jimena.	___	f. Ongoing actions
7. La habitación está muy desordenada.	___	g. Profession
8. El vuelo es el lunes a las tres de la tarde.	___	h. Physical states and conditions
9. No podemos salir porque está nevando.	___	i. What something is made of
10. Diego es de Chile.	___	j. Certain weather expressions

B. Now, write four examples (two with **ser** and two with **estar**). Challenge a classmate to match them.

A		B
1. ______________________	___	a. ______________________
2. ______________________	___	b. ______________________
3. ______________________	___	c. ______________________
4. ______________________	___	d. ______________________

Nombre ______________________ Fecha ______________________

estructura

5.3 Ser and estar

2 **Está nevando...**

A. Write the correct forms of the verbs **ser** and **estar**.

JULIANA Hola, ¿Bruno?

BRUNO Sí. Ah, ¡hola, Juliana! ¿Cómo (1) ____________?

JULIANA Mal. (2) ____________ nevando y no puedo salir de mi casa para ir a la escuela.

BRUNO ¿En serio? (3) ____________ terrible tener que salir de casa con este clima.

JULIANA Sí, y mi papá no tiene el auto.

BRUNO ¿Y no puedes venir caminando?

JULIANA Imposible. Mi casa (4) ____________ un poco lejos.

BRUNO ¡Oh, no! Y ya (5) ____________ empezando la clase.

JULIANA Además, (6) ____________ enferma.

BRUNO ¿Y tus ventanas (7) ____________ cerradas? Hace mucho viento y te puedes enfermar más.

JULIANA Sí, gracias por preocuparte. Hoy (8) ____________ jueves, ¿verdad?... ¡El examen de ciencias!

BRUNO No te preocupes por el examen. Yo puedo hablar con el profesor, él (9) ____________ muy simpático.

JULIANA Gracias, amigo. Por cierto, ¿de dónde (10) ____________ el profesor de ciencias?

BRUNO Ay, ¿no recuerdas? Él (11) ____________ de España.

JULIANA Ah, sí, verdad. Oye, en mi casa (12) ____________ tu libro de matemáticas.

BRUNO No (13) ____________ mío (*mine*), (14) ____________ de Octavio.

JULIANA ¿Octavio? ¿El agente de viajes?

BRUNO No, Octavio (15) ____________ el hijo del inspector de aduanas.

JULIANA Ah, Octavio, el chico guapo.

BRUNO Creo que (16) ____________ confundida. Octavio (17) ____________ muy feo.

JULIANA ¿Seguro?

BRUNO Bueno, amiga, tengo que entrar a clase. No te preocupes, yo hablo con el profesor.

JULIANA Gracias, Bruno. Ah, oye, ¿dónde (18) ____________ el partido de baloncesto mañana?

BRUNO El partido (19) ____________ en el parque del centro. ¿Vas a ir?

JULIANA Claro que sí.

BRUNO Bueno, hablamos luego, chau.

JULIANA Chau.

B. Act out the dialogue with a partner.

Nombre _______________ Fecha _______________

estructura

5.4 Direct object nouns and pronouns

1 **¿Lo hacen?** Answer these questions using direct object pronouns.

Modelo

¿Vas a conseguir una cámara?
Sí, (yo) *voy a conseguirla.*/**Sí, (yo)** la *voy a conseguir.*

1. ¿Vas a mirar la televisión?
   Sí, (yo) _______________.
2. ¿Necesitan comprar los pasajes?
   No, nosotras _______________.
3. ¿Están buscando la motocicleta?
   Sí, ellos _______________.
4. ¿Deseas ver la película?
   No, (yo) _______________.
5. ¿Va a escalar la montaña?
   No, ella _______________.
6. ¿Conoces la capital de España?
   Sí, (yo) _______________.
7. ¿Ustedes entienden la lección?
   No, nosotros _______________.
8. ¿Ellas leen las cartas?
   Sí, ellas _______________.
9. ¿Tus papás están visitando a tus abuelos?
   Sí, ellos _______________.
10. ¿Pablo conoce al ingeniero Rodríguez?
    No, él _______________.

Nombre ____________________ Fecha ____________________

estructura

5.4 Direct object nouns and pronouns

2 **Preocupados por el viaje**

A. Choose a verb to complete the conversations.

—Por favor, mamá, yo quiero llevar la cámara.

—No, yo voy a (1) ____________ (llevarla/llevarlo), tú eres muy desordenada.

—Pero, mamá… Entonces, yo llevo los pasaportes.

—No y no. Yo (2) ____________ (los llevo/ las llevo).

—¡Qué mala eres!

—David, ¿ya estamos listos para salir de viaje?

—No, primero tengo que llamar a mi novia.

—Mmm... No tenemos tiempo. ¡Ya sé! Puedes (3) ____________ (llamarlos/llamarla) desde la estación del tren.

—Tienes razón. Un momento, ¡también tenemos que comprar un mapa!

—Ay, no… ¡Rápido! Vamos a (4) ____________ (comprarlo/comprarlos).

—Señorita Linares, por favor, confirme la reservación en el hotel.

—Sí, señor. Voy a (5) ____________ (confirmarla/confirmarlo) ya mismo.

—Y recuerde enviar las maletas al aeropuerto.

—Sí, (6) ____________ (las envío/los envío) por la tarde, señor Márquez.

—Ay, no, ¿dónde están los pasajes? No (7) ____________ (las encuentro/los encuentro).

—Voy a (8) ____________ (buscarlo/buscarlos).

—¡Ah! No se preocupe, aquí están.

—¡Qué desordenado es usted, señor Márquez!

B. Now, write a few sentences using direct object pronouns to talk about a recent trip. Share your sentences with a partner and write down what he/she shares with you.

Nombre ______________________ Fecha ______________________

comunicación

Estudiante 1

1 **Un viaje** (student text p. 157) You are planning a trip to Mexico and have many questions about your itinerary on which your partner, a travel agent, will advise you. You and your partner each have a handout with different instructions for acting out the roles.

Cliente/a

You have an appointment to meet with your travel agent to discuss your upcoming vacation to Mexico. You want to arrive on Monday, March 6, and return on Saturday, March 11. Your ideal destination offers a wide range of daytime and nighttime activities, a warm and sunny climate, and nice beaches. Look at the map and ask your travel agent questions to find out about places that interest you.

Vocabulario útil

¿Qué tiempo hace en...?
Mis preferencias son...
Mis actividades favoritas son...
Las fechas del viaje son...

comunicación

Estudiante 2

1 **Un viaje** (student text p. 157) Your partner is planning a trip to Mexico and has many questions about the itinerary on which you, a travel agent, will advise him or her. You and your partner each have a handout with different instructions for acting out the roles.

Agente

You are a travel agent who is meeting with a client about his or her upcoming vacation to Mexico. Look at the map in order to answer your client's questions about the weather and activities at places he or she might want to visit. After your client has made his or her decisions, record his or her vacation plans and other pertinent information on your office form.

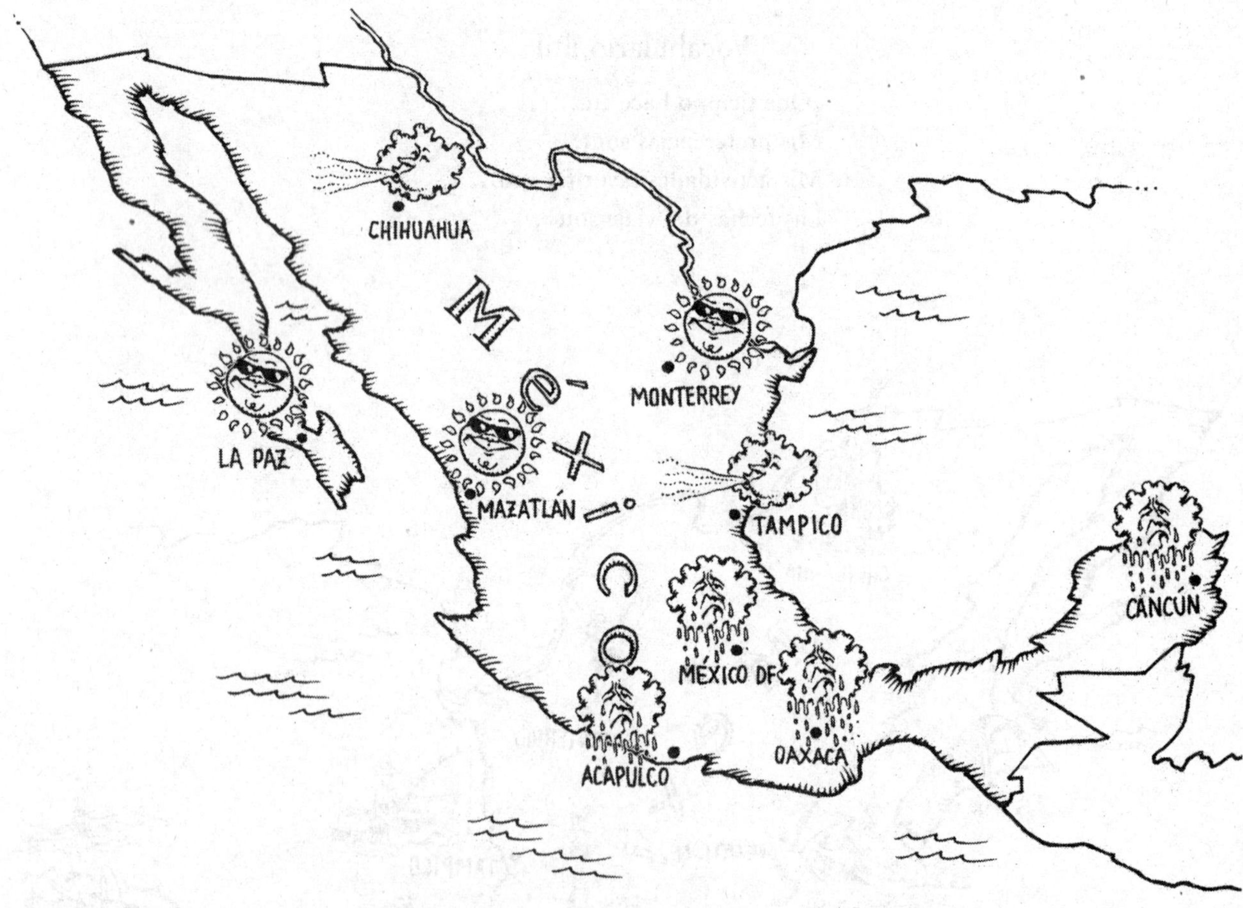

VIAJES PARAÍSO

Nombre y apellidos ____________________

Teléfono ____________

Viaja a ____________

Fechas del ____________ al ____________

Viajan ____________ personas

Actividades ____________________

____

Nombre ______ Fecha ______

comunicación

2 **Encuesta** (student text p. 157) How does the weather affect what you do? Walk around the class and ask your classmates what they prefer or like to do in the weather conditions given. Note their responses on your worksheet. Make sure to personalize your survey by adding a few original questions to the list. Be prepared to report your findings to the class.

Tiempo	Actividades	Actividades
1. Hace mucho calor.		
2. Nieva.		
3. Hace buen tiempo.		
4. Hace fresco.		
5. Llueve.		
6. Está nublado.		
7. Hace mucho frío.		
8.		
9.		
10.		

Nombre _______________ Fecha _______________

comunicación

Estudiante 1

3 **¿Qué están haciendo?** (student text p. 169) A group of classmates is traveling to San Juan, Puerto Rico for a week-long Spanish immersion program. In order for the participants to be on time for their flight, you and your partner must locate them. You and your partner each have different handouts that will help you do this.

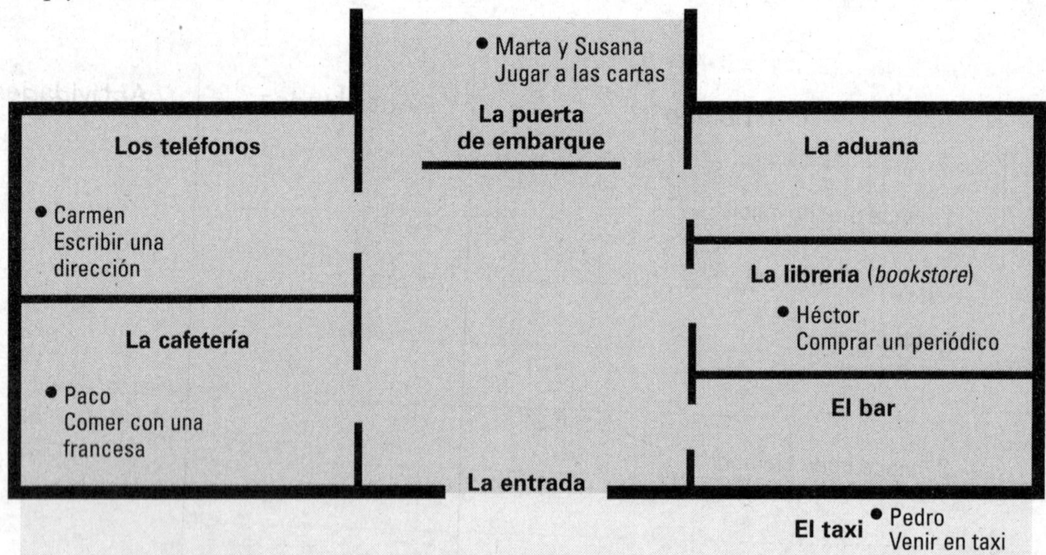

	¿Dónde está(n)?	¿Qué está(n) haciendo?
1.	Alicia	
2.	Azucena	
3.	Carmen	
4.	Felipe	
5.	Héctor	
6.	Mario y José	
7.	Marta y Susana	
8.	Paco	
9.	Pedro	
10.	Roberto	

Nombre ______________________ Fecha ______________________

comunicación

Estudiante 2

3 **¿Qué están haciendo?** (student text p. 169) A group of classmates is traveling to San Juan, Puerto Rico for a week-long Spanish immersion program. In order for the participants to be on time for their flight, you and your partner must locate them. You and your partner each have different handouts that will help you do this.

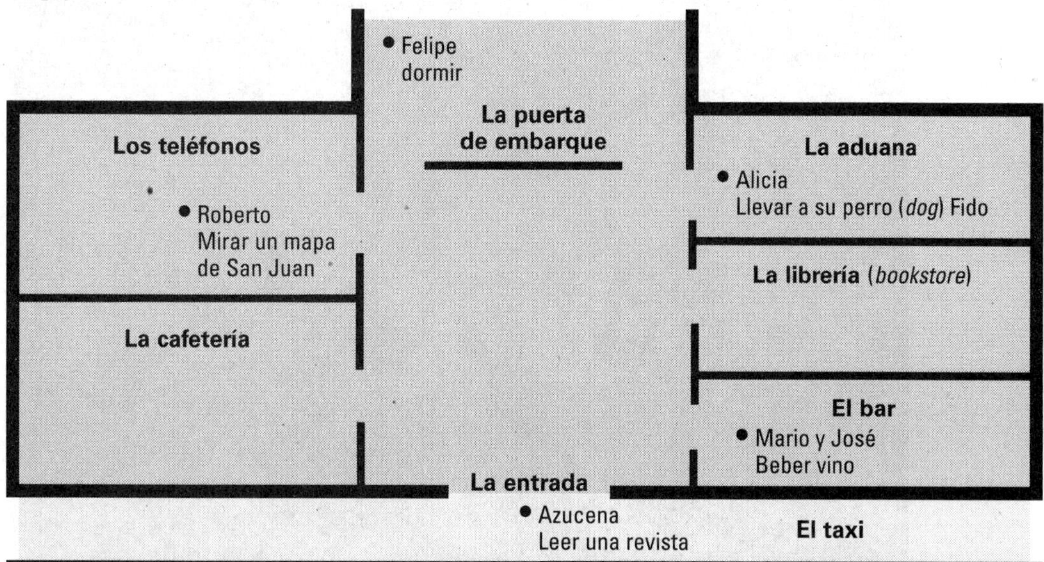

	¿Dónde está(n)?	¿Qué está(n) haciendo?
1.	Alicia	
2.	Azucena	
3.	Carmen	
4.	Felipe	
5.	Héctor	
6.	Mario y José	
7.	Marta y Susana	
8.	Paco	
9.	Pedro	
10.	Roberto	

comunicación

4 **Vacaciones de aventura** In groups of three, research and plan a five-day vacation. Write down a few notes that describe each day and then, as a group, explain your plans to the class and try to convince them to join you. At the end, the class will vote on the most exciting, interesting, and creative plan.

Modelo

Vacaciones de aventura en *Costa Rica*.

Día 1: escalar de noche el volcán Arenal

Día 2: hacer un safari en el río Peñas Blancas

Día 3: sobrevivir (*survive*) en la caverna (*cave*) de Venado

Día 4: atravesar (*cross*) nadando el lago Arenal

Día 5: rescatar (*rescue*) a una familia de monos (*monkeys*), perdida (*lost*) en el Refugio Caño Negro

Vacaciones de aventura en ______________________

Día 1: ______________________

____

Día 2: ______________________

____

Día 3: ______________________

____

Día 4: ______________________

____

Día 5: ______________________

____

comunicación

5 **Discusiones** Your instructor will give you and a partner two role-play cards describing a scenario in a hotel. Prepare a three- to four-minute conversation, following the instructions. Include as much of the vocabulary and grammar from this lesson as possible. Act out the conversation in front of the class. Be creative!

Modelo

Huésped confundido: *Señorita, ¿éste es el hotel El Dorado?*
Empleada enojada: *No, señor. Es una librería.*
Huésped confundido: *¿Está segura?*
Empleada enojada: *Señor, usted está confundido y yo tengo muchas cosas que hacer.*
Huésped confundido: *Pero, señorita, ¿por qué está enojada?*
Empleada enojada: *¡Grrrr!*

comunicación

5 **Discusiones**

Time: 30 minutes

Resources: Role-play cards

Instructions: Photocopy the role-play cards and cut out as many as needed. Have students form pairs. Then, hand out the paired cards; they should each choose a role and together prepare a three- to four-minute conversation using the vocabulary and grammar from this lesson. Make sure all students participate. Tell them to be prepared to act out the conversation in front of the class. At the end, have students vote on which conversation was the most creative, fun etc.

You can vary the activity by asking students to film their conversations and share them with the class.

comunicación

5 Role-play cards

Tú eres un(a) agente de viajes muy desordenado/a. No recuerdas dónde pusiste los pasajes del/de la cliente/a, estás muy avergonzado/a y no sabes qué hacer. Tú empiezas: —Perdone señor(ita), pero no recuerdo dónde puse sus pasajes. ¡Tiene que venir más tarde!	Tú eres un(a) cliente/a en una agencia de viajes. Estás muy enojado/a porque el/la agente no recuerda dónde puso tus pasajes y ¡tu avión sale en dos horas! Tu compañero/a empieza.

Tú eres un(a) agente de viajes antipático/a. No quieres buscar los folletos del lugar adonde el/la cliente/a quiere ir de vacaciones. Tu compañero/a empieza.	Tú eres un(a) cliente/a en una agencia de viajes. Estás muy enojado/a porque el/la agente de viajes es muy antipático/a y no quiere buscar los folletos que tú necesitas. Ahora sólo quieres hablar con su jefe/a. Tú empiezas: —¡Pero qué antipático/a es usted! Por favor, llame a su jefe/a, necesito hablar con él/ella.

Tú eres un(a) empleado/a de hotel. Estás cansado/a y viene un(a) cliente/a muy maleducado/a (*rude*) y te dice que tienes que ir a limpiar su habitación porque está sucia, pero ¡tú no eres el/la empleado/a de la limpieza (*cleaning*)! Tú empiezas: —No señor(ita), no puedo ir a limpiar su habitación. ¡Yo no soy el/la empleado/a de la limpieza!	Tú eres un(a) huésped enojado/a y además muy maleducado/a (*rude*). Tu habitación está sucia y el/la empleado/a no quiere ir a limpiarla. Tu compañero/a empieza.

Tú eres un(a) botones. Estás preocupado/a porque un(a) huésped dice que llevaste sus maletas a la habitación equivocada, pero tú estás seguro/a que las dejaste en la habitación correcta. Tu compañero/a empieza.	Tú eres un(a) huésped de un hotel. Estás muy nervioso/a porque el/la botones llevó tus maletas a la habitación equivocada. Tú empiezas: —¿Es usted el/la tonto/a que llevó mis maletas a la habitación 302? ¡Esa no es mi habitación!

Tú eres un(a) guía (*guide*) turístico/a. Estás muy confundido/a porque quieres llevar a un(a) turista a un lugar muy interesante, ¡pero él/ella sólo quiere dormir! Tú empiezas: —Pero señor(ita), ¿cómo va a dormir ahora? ¡Vamos a ver un lugar muy interesante!	Tú eres un(a) turista. Estás muy aburrido/a porque no conoces bien el lugar que estás visitando. El/La guía quiere que vayas con él/ella a conocer un lugar interesante pero tú sólo quieres dormir. Tu compañero/a empieza.

Tú eres un(a) guía (*guide*) turístico/a y ¡estás perdido/a (*lost*) con un(a) turista! Además, estás nervioso/a porque eres nuevo/a (*new*) y todavía no conoces bien los lugares. Tu compañero/a empieza.	Tú eres un(a) turista. Estás haciendo un recorrido (*tour*) con un(a) guía (*guide*) turístico/a, pero él/ella no conoce bien los lugares y ahora ¡tú y él/ella están perdidos/as (*lost*)! Estás preocupado/a y quieres regresar al hotel. Tú empiezas: —¿Cómo que no sabe dónde estamos? ¡Pero usted es el/la guía!

Nombre ____________________ Fecha ____________________

recapitulación

¡A repasar! Review everything you have learned in **Lección 5**.

1 Los viajes Unscramble these words from **Contextos**.

1. AACCVNSIEO ____________
2. PSAAIEJ ____________
3. JQPUEEAI ____________
4. ANIHÓTIBAC ____________

2 No pertenece Identify the word that does not belong.

1. autobús • taxi • avión • maleta
2. playa • pasaje • paisaje • mar
3. caballo • habitación • cama • hotel
4. equipaje • pasaporte • botones • aeropuerto

3 Definiciones Write the Spanish word and article for each definition.

1. ____________ is the floor of a building that is closer to the ground or street level.
2. ____________ is land or scenery that can be seen in a single view.
3. ____________ is the place you go when traveling by plane.
4. ____________ is a journey made for pleasure or business.

4 Completar Complete these sentences using **estar** with conditions or emotions.

1. Eugenia ____________ ____________ porque su hermana no quiere jugar con ella.
2. La iglesia siempre ____________ ____________ los viernes por la noche.
3. Daniel y Cecilia son novios y ____________ muy ____________.
4. Yo ____________ ____________ porque mis amigos vienen a visitarme el próximo sábado.

5 Escoger Select the verb that completes each sentence.

1. Elena está ____________ (haciendo/llegando) las maletas para su viaje a Panamá.
2. Nosotros estamos ____________ (jugando/comiendo) a las cartas en mi casa.
3. Patricia y Ana están ____________ (trayendo/nadando) en el mar.
4. Yo estoy ____________ (desayunando/leyendo) un libro en la cafetería.

6 **El uso correcto** Write the reason that explains why **ser** or **estar** is used in these sentences.

1. Pilar es de Barcelona. ____________________
2. La puerta de la habitación está cerrada. ____________________
3. La exposición de arte es en el museo central. ____________________
4. Vamos a almorzar en casa porque está nevando mucho. ____________________

7 **Reemplazar** Choose a direct object pronoun.

1. Mario y yo compramos los pasajes para el viaje en tren.
   a. los b. la c. lo
2. Fernando y Luisa llaman a la agente de viajes para confirmar el hotel en Monterrey.
   a. los b. la c. las
3. ¿Necesitas conseguir las habitaciones para el viaje de tus nietos?
   a. lo b. las c. la
4. Nayeli comparte su automóvil con sus hermanos.
   a. la b. los c. lo

8 **Un aviso (*ad*)** Complete this ad using the words from the box.

aburrido	comprarlo
buscando	primer

¿Estás (1) __________? ¿Estás (2) __________ un libro interesante para leer en este invierno? *El amor en los tiempos del cólera* es el (3) __________ libro que debes leer. Tienes que ir a (4) __________ ya. Lo puedes encontrar en los almacenes Gigante.

9 **¡A practicar!** In groups of three, use the grammar and vocabulary in this lesson to prepare a radio ad for a hotel, that advertises their services to potential tourists.

- vocabulary (vacations, trips, hotel, adjectives, ordinal numbers, etc.)
- **estar** with conditions and emotions
- the present progressive
- uses of **ser** and **estar**
- direct object nouns and pronouns

If resources allow, record your ad and present it to the class. Be creative!

contextos

1. 1. incorrecto; la cama 2. incorrecto; el equipaje 3. correcto 4. incorrecto; la playa 5. correcto 6. incorrecto; el mar 7. correcto 8. incorrecto; el hotel 9. incorrecto; la llave 10. incorrecto; la habitación 11. correcto 12. incorrecto; el aeropuerto
2. **Horizontales:** 3. paisaje 5. compras 8. empleados 10. viajeros **Verticales:** 1. estación 2. vacaciones 4. viaje 6. huéspedes 7. botones 9. salida

estructura

5.1 *Estar* with conditions and emotions

1. 1. está abierta 2. están enojados 3. está; cómodo 4. está desordenada 5. están enamorados 6. está cansado/ocupado 7. están aburridas/cansadas 8. estás contenta/feliz 9. está confundido 10. estoy; triste/aburrido 11. está ocupado 12. estamos felices/contentos/enamorados
2. Answers will vary.

5.2 The present progressive

1. **A.** 1. b 2. a 3. c 4. b 5. a 6. c 7. c 8. b 9. c 10. a **B.** Answers will vary.
2. Answers will vary.

5.3 *Ser* and *estar*

1. **A.** 1. f 2. i 3. d 4. g 5. b 6. c 7. h 8. e 9. j 10. a **B.** Answers will vary
2. **A.** 1. estás 2. Está 3. Es 4. está 5. estamos/está 6. estoy 7. están 8. es 9. es 10. es 11. es 12. está 13. es 14. es 15. es 16. estás 17. es 18. es 19. es **B.** Answers will vary.

5.4 Direct object nouns and pronouns

1. 1. voy a mirarla/la voy a mirar 2. no necesitamos comprarlos/no los necesitamos comprar 3. la están buscando/están buscándola 4. no deseo verla/no la deseo ver 5. no va a escalarla/no la va a escalar 6. la conozco 7. no la entendemos 8. las leen 9. los están visitando/están visitándolos 10. no lo conoce
2. **A.** 1. llevarla 2. los llevo 3. llamarla 4. comprarlo 5. confirmarla 6. las envío 7. los encuentro 8. buscarlos **B.** Answers will vary.

comunicación

1. Answers will vary.
2. Answers will vary.
3. Answers will vary.
4. Answers will vary.
5. Answers will vary.

recapitulación

1. 1. vacaciones 2. paisaje 3. equipaje 4. habitación
2. 1. maleta 2. pasaje 3. caballo 4. botones
3. 1. la planta baja 2. el paisaje 3. el aeropuerto 4. el viaje
4. 1. está triste/aburrida/enojada 2. está abierta/cerrada 3. están; enamorados 4. estoy feliz/contenta/alegre
5. 1. haciendo 2. jugando 3. nadando 4. leyendo
6. 1. nationality and place of origin 2. physical states and conditions 3. where and when an event takes place 4. certain weather expressions
7. 1. a 2. b 3. b 4. c
8. 1. aburrido 2. buscando 3. primer 4. comprarlo
9. Answers will vary.

Nombre ______________________ Fecha ______________________

contextos

Lección 6

1 **Crucigrama** Complete this crossword puzzle with words from **Contextos**.

Horizontales

1. una persona con buen gusto (*good taste*)
4. una mujer empleada para vender en una tienda
6. el color de la nieve
9. este color es la mezcla (*mix*) del rojo y el blanco
10. una máquina (*machine*) que hay en los almacenes, a la que vas para pagar

Verticales

2. un lugar donde una persona puede comprar
3. algo que compras para otra persona, para hacerla feliz
5. una oportunidad para comprar a precios bajos
7. una persona que va a una tienda
8. la cantidad de dinero por la que un producto se vende (*is sold*) o se ofrece (*is offered*)

Nombre ______________________ Fecha ______________________

contextos

2 **Correcto o incorrecto** Make a check mark if the caption matches the image. If they do not match, write a new caption.

las sandalias ❍
1. ______________________

las gafas ❍
2. ______________________

la chaqueta ❍
3. ______________________

la camiseta ❍
4. ______________________

los calcetines ❍
5. ______________________

el suéter ❍
6. ______________________

la bolsa ❍
7. ______________________

los guantes ❍
8. ______________________

el sombrero ❍
9. ______________________

los pantalones cortos ❍
10. ______________________

el traje de baño ❍
11. ______________________

la corbata ❍
12. ______________________

Nombre ______________________ Fecha ______________________

estructura

6.1 Saber and conocer

1 Elegir

A. Choose the correct word for each sentence.

1. ¿Tú ______________ hablar español?
   a. sabes b. conoces
2. Mis padres no ______________ París.
   a. conocen b. saben
3. Yo ______________ a todos los vendedores del almacén La Rebaja.
   a. sé b. conozco
4. Mi hermano y yo no ______________ conducir.
   a. conocemos b. sabemos
5. ¿Tu amigo ______________ dónde está el mercado al aire libre?
   a. conoce b. sabe
6. Yo ______________ bailar salsa muy bien.
   a. sé b. conozco
7. Tú ______________ al profesor de química.
   a. sabes b. conoces
8. Los hijos de Diana son muy inteligentes; ______________ montar a caballo y jugar a las cartas.
   a. conocen b. saben
9. Nicolás y yo ______________ un restaurante colombiano muy bueno.
   a. sabemos b. conocemos
10. El agente de viajes ______________ muchas ciudades interesantes.
   a. conoce b. sabe

B. Now, write four similar examples and exchange them with a partner.

1. ____
   a. ______________ b. ______________
2. ____
   a. ______________ b. ______________
3. ____
   a. ______________ b. ______________
4. ____
   a. ______________ b. ______________

estructura

6.1 **Saber** and **conocer**

2 **Encuesta** Walk around the class and ask questions using the information from the survey and either **saber** or **conocer.** Personalize it by adding two original questions to the list. Be prepared to report the results of your survey to the class.

Modelo

tú / el profesor de música
Estudiante 1: *¿Tú conoces al profesor de música?*
Estudiante 2: *No, no lo conozco.*
Estudiante 3: *Sí, lo conozco.* (*Write the student's name for this item.*)

Preguntas	¿Quién?
1. tú / la hora	
2. tus amigos / jugar al fútbol	
3. los estudiantes de español / profesor de arte	
4. tú y tu familia / la playa	
5. el/la novio/a de tu compañero/a de cuarto / bailar merengue	
6. tu mamá / la edad de tu abuela	
7. ¿?	
8. ¿?	

Nombre ______________________ Fecha ______________________

estructura

6.2 Indirect object pronouns

1 **Escoger**

A. Choose a word for each sentence.

1. Juan Carlos ____________ (le/te) da la tarjeta de crédito a la vendedora.
2. Miriam ____________ (les/nos) compra zapatos a sus hijos en el centro comercial.
3. A mí, mis tíos ____________ (nos/me) regalan un par de zapatos cada mes.
4. Anoche, yo ____________ (te/les) compré un hermoso abrigo marrón a ti.
5. El año pasado, nosotros ____________ (les/le) escribimos una carta a nuestros abuelos.
6. Diego ____________ (nos/les) lleva a los niños y a mí a la playa todos los fines de semana.
7. ¿A quién ____________ (le/me) compraste esa corbata morada? ¡Qué fea!
8. Andrea, mi vecina, ____________ (me/te) lleva a la escuela todas las mañanas en su coche.
9. Yo ____________ (les/nos) pido dinero a mis papás a veces.
10. Ay, Andrea, esta blusa ____________ (les/te) costó mucho dinero y no es de buena calidad.

B. Now, in pairs, create a short dialogue with three or four of these sentences. Present it to the class.

Nombre ______________________ Fecha ______________________

estructura

6.2 Indirect object pronouns

2 **Completar**

A. Write each sentence using an indirect object pronoun for the person in parentheses. Follow the model.

Modelo

Yo enseño español. (a mi mamá)
Yo le enseño español a mi mamá.

1. Mis primos dan un regalo. (a sus papás)
____
2. Edgar compra un hermoso vestido. (a Manuela)
____
3. Nosotros hablamos en inglés. (a nuestros hijos)
____
4. Yo preparo un delicioso almuerzo. (a mi novio/a)
____
5. Tú prestas tu ropa. (a tu hermano/a)
____
6. Diana traduce las canciones. (a sus compañeros de clase)
____
7. Maribel y yo entregamos las maletas. (al botones del hotel)
____
8. Yo tomo fotos. (a ti)
____
9. Tus amigos consiguen un traje. (a mí)
____
10. Pedro dice mentiras. (a nosotros)
____

B. Now, write four similar examples, and challenge a classmate to rework them.

1. ______________________
2. ______________________
3. ______________________
4. ______________________

estructura

6.3 Preterite tense of regular verbs

1 **Identificar** Complete each sentence with the preterite form of a verb from the box.

bailar	comprar	enseñar	leer	oír	regalar
comer	encontrar	escribir	llegar	pagar	ver

1. Doña Marina les ____________ en efectivo a las vendedoras.

2. Esta mañana, Liliana ____________ ruidos en el segundo piso.

3. Sergio le ____________ unas gafas de sol a su novia.

4. Eduardo y Marieta ____________ mucho en la fiesta.

5. Julio ____________ tarde a su clase de geografía.

6. Danilo les ____________ a bailar tango a sus sobrinos.

7. Yo le ____________ una carta a mi mamá la semana pasada.

8. Maritza y su esposo ____________ una hermosa casa en el centro.

9. Ayer, mis amigos y yo ____________ en un restaurante muy elegante.

10. Mariana ____________ un buen libro en la biblioteca de la escuela.

11. Anoche, mi hermano ____________ la televisión hasta muy tarde.

12. Los abuelos ____________ los mensajes de sus nietos.

estructura

6.4 Demonstrative adjectives and pronouns

1 **La envidiosa** Gabriela is a very envious person. Fill in her replies to a friend, Sonia.

Modelo

Yo compré esa blusa roja. (yo / aquella / falda verde)
Pues esa blusa roja es fea. Yo compré aquella falda verde.

1. Yo compré este vestido morado. (mi tía / ese abrigo marrón)
____
2. Mi sobrina vendió aquel caballo gris. (Darío / esa bicicleta anaranjada)
____
3. Nosotros le regalamos estos zapatos a María. (Ana y Tulio / esas sandalias)
____
4. Valeria conoce a ese chico. (yo / aquel / joven)
____
5. Yo le entregué el dinero a ese vendedor. (ellas / aquella clienta)
____
6. Mario encontró aquellas llaves en la cafetería. (tú / estos libros)
____
7. Nicolás y Manuel me buscaron estos pantalones. (nosotros / aquellos calcetines a ti)
____
8. Ellos vieron esta revista en la librería. (Valentina / aquel libro)
____
9. Mi novio me invitó a aquel cine. (mi primo / ese parque)
____
10. Todos mis amigos usan aquellas camisetas anaranjadas en el partido. (todos mis hermanos / aquellos pantalones cortos)
____

Nombre ______________________ Fecha ______________________

comunicación

Estudiante 1

1 **El fin de semana** (student text p. 209) You and your partner each have different incomplete charts about what four employees at **Almacén Gigante** did last weekend. After you fill out the chart based on each other's information, you will fill out the final column about your partner. Remember to use the preterite tense.

Vocabulario útil

abrir	comprar	leer	trabajar
acampar	correr	llegar	vender
bailar	escribir	mirar	ver
beber	hablar	oír	viajar
comer	jugar	tomar	volver

	Margarita	Pablo y Ramón	Señora Zapata	Mi compañero/a
El viernes por la noche				
El sábado por la mañana				
El sábado por la noche				
El domingo				

Nombre ______________________ Fecha ______________________

comunicación

Estudiante 2

1 **El fin de semana** (student text p. 209) You and your partner each have different incomplete charts about what four employees at **Almacén Gigante** did last weekend. After you fill out the chart based on each other's information, you will fill out the final column about your partner. Remember to use the preterite tense.

Vocabulario útil

abrir	comprar	leer	trabajar
acampar	correr	llegar	vender
bailar	escribir	mirar	ver
beber	hablar	oír	viajar
comer	jugar	tomar	volver

	Margarita	Pablo y Ramón	Señora Zapata	Mi compañero/a
El viernes por la noche				
El sábado por la mañana				
El sábado por la noche				
El domingo				

Nombre ______________________ Fecha ______________________

comunicación

Estudiante 1

2 **Diferencias** (student text p. 213) You and your partner each have a drawing of a store. They are almost identical, but not quite. Use demonstrative adjectives and pronouns to find seven differences.

Modelo

Estudiante 1: Aquellas gafas de sol son feas, ¿verdad?
Estudiante 2: No. Aquellas gafas de sol son hermosas.

Nombre Fecha

comunicación

Estudiante 2

2 **Diferencias** (student text p. 213) You and your partner each have a drawing of a store. They are almost identical, but not quite. Use demonstrative adjectives and pronouns to find seven differences.

Modelo

Estudiante 1: Aquellas gafas de sol son feas, ¿verdad?
Estudiante 2: No. Aquellas gafas de sol son hermosas.

comunicación

3 **Construye la historia** In pairs, choose the matching sentences in each item to expand the dialogue. Then, act it out in front of the class, changing the clothing to match what you are wearing.

DANIELA Ayer, Esteban me invitó a ir de compras al centro comercial.

LEONOR

1. a. ¿Al centro comercial? Y, ¿qué compraste?
   b. ¿A la tienda? Y, ¿qué compraste?
   c. ¿Al mercado al aire libre? Y, ¿qué compraste?

DANIELA

2. a. No vendí nada. No encontré mi tarjeta de crédito.
   b. No compré nada. No encontré mi tarjeta de crédito.
   c. No escuché nada. No encontré mi tarjeta de crédito.

LEONOR

3. a. ¿Y Esteban no llevó su chaqueta?
   b. ¿Y Esteban no llevó su camisa?
   c. ¿Y Esteban no llevó su tarjeta?

DANIELA

4. a. No. Por eso quiero ir hoy al centro comercial, ¿vienes?
   b. No. Por eso quiero ir hoy al centro comercial, ¿vendes?
   c. No. Por eso quiero ir hoy al centro comercial, ¿compras?

LEONOR

5. a. Claro que sí. Hoy hay rebajas en el almacén Brillante.
   b. Claro que sí. Hoy la ropa está muy cara en el almacén Brillante.
   c. Claro que sí. Hoy no hay rebajas en el almacén Brillante.

DANIELA

6. a. ¿Precios? ¡Qué bueno! Voy a usar aquella falda roja que vimos la semana pasada.
   b. ¿Rebajas? ¡Qué bueno! Voy a buscar aquella falda roja que vimos la semana pasada.
   c. ¿Rebajas? ¡Qué bueno! Voy a vender aquella falda roja que vimos la semana pasada.

LEONOR

7. a. ¿La blusa roja? ¿No dices que quieres ese pantalón marrón del almacén Aries?
   b. ¿La camisa roja? ¿No dices que quieres esa blusa marrón del almacén Aries?
   c. ¿La falda roja? ¿No dices que quieres ese pantalón marrón del almacén Aries?

DANIELA

8. a. Sí, es verdad, ésa, ésa es la que quiero.
   b. Sí, es verdad, ése, ése es el que quiero.
   c. Sí, es verdad, esto, esto es lo que quiero.

LEONOR

9. a. Bueno, vamos. Quiero comprarle unos guantes a Esteban.
   b. Bueno, vamos. Quiero escribirle una carta a Esteban.
   c. Bueno, vamos. Quiero encontrarle un vestido a Esteban.

DANIELA

10. a. ¿Unos zapatos a Esteban? Ja.
    b. ¿Unos calcetines a Esteban? Ja.
    c. ¿Unos guantes a Esteban? Ja.

Nombre ____________________ Fecha ____________________

comunicación

4 **La subasta** Your class will be holding an auction (**subasta**). Your instructor will give you a chart that lists the items. He/She will be the auctioneer and you and your classmates will be the bidders, with a budget of $500 each. Look at the items on display so you can plan to bid for the items you want. If you are the highest bidder, write down the item you bought (under *item*) and the cost (under *bid*). Watch out! Once you run out of money, you can no longer bid in the auction.

Modelo

Subastador: Esta elegante camisa roja empieza en 5 dólares. ¿Quién da más?
Compradora 1: *Yo doy diez dólares por esa camisa roja.*
Subastador: *Diez dólares ofrece la hermosa dama. ¿Quién da más?*
Comprador 2: *Yo doy cincuenta dólares.*
Subastador: *Vaya. Cincuenta dólares. ¿Quién da más?* A la una... a las dos... y a las tres. *Vendida al joven del suéter gris.*

comunicación

4 **La subasta**

Time: 30 minutes

Resources: Auction charts, vocabulary-related items

Instructions: Photocopy and distribute the auction charts page. Tell students they each have a $500 budget for a classroom auction. Bring in enough vocabulary-related items for everyone to buy something, and tag everything with a starting bid. You are the auctioneer and the students the bidders. During the auction, the student who acquires an item with the highest bid must write down what he/she bought and how much it cost. When students have spent their $500 budgets, they will not be able to bid anymore. Afterwards, they should all share with the class what they bought and how much they spent.

You can vary the activity by letting the students take turns being the auctioneer.

comunicación

4 

Auction charts

Item	Bid
Total	

Item	Bid
Total	

Item	Bid
Total	

Nombre ____________________ Fecha ____________________

comunicación

5 **De compras** Your classroom is now an open-air market. Your instructor will give you a card showing your role, as either a customer or vendor, and a list of items and their prices. Walk around the classroom to find the right vendor or customer to make a purchase or sale; just one person will sell what you need and just one person will need what you sell. Customers are allowed to bargain, so make sure you write down the final price. The first student to buy or sell all his/her items wins.

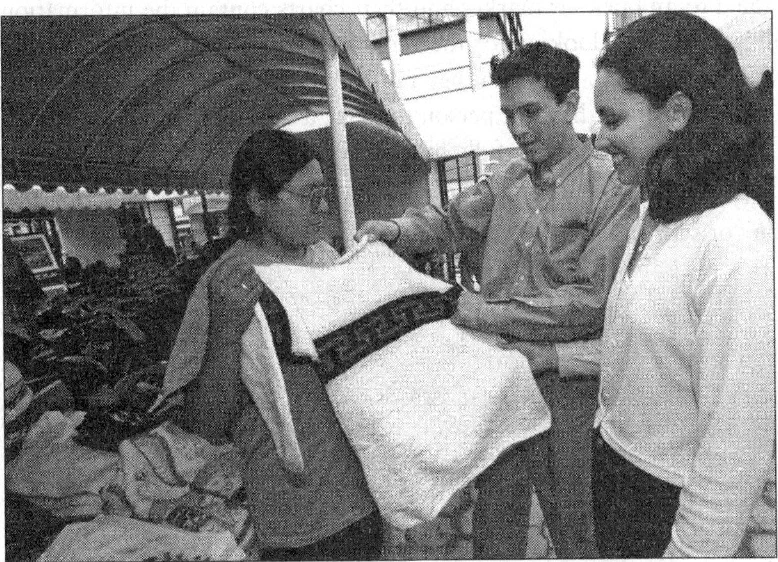

Modelo

Cliente 1: Hola. Estoy buscando un suéter gris.
Vendedor: Ay, lo siento. Tengo un suéter, pero es amarillo.
Clienta 2: Bueno, pero ¿cuánto cuesta?
Vendedor: Cuesta 10 dólares.
Clienta 2: No. Mi suéter no puede costar más de 5 dólares, muchas gracias.

comunicación

5 De compras

Time: 30 minutes

Resources: Shopping assignments

Instructions: Photocopy and distribute the shopping assignment pages to the students. Tell them they are going to an open-air market and their charts contain the information they will need. One group will be customers looking for the vendor that has the items on their list; the other group will be vendors with items to sell. Tell them they can bargain and they should write down the final prices they paid. When students find the right person to make a deal, they should write down his/her name next to the item. The student who successfully buys or sells all his/her items first, wins.

You can vary the activity by giving students a blank chart and letting them write down what they want to buy or sell, and then go bargaining.

comunicación

5

Shopping assignments

Rol	Artículo	Precio	Vendedor(a)
¡Tú eres un(a) cliente/a!	una camisa morada	$10	
	una corbata azul	$15	
	un par de zapatos de tenis	$30	
	dos abrigos	$50	
	tres blusas	$40	
	unas gafas de sol	$7	
	unas medias amarillas	$3	
	un sombrero	$17	
	un traje de baño	$20	

Rol	Artículo	Precio	Vendedor(a)
¡Tú eres un(a) cliente/a!	un cinturón negro	$8	
	un par de sandalias	$17	
	dos trajes	$15	
	tres faldas	$28	
	unas botas	$20	
	una cartera roja	$12	
	un sombrero	$15	
	unos jeans	$14	
	dos pantalones azules	$30	

Rol	Artículo	Precio	Vendedor(a)
¡Tú eres un(a) cliente/a!	una camisa anaranjada	$10	
	una corbata azul	$12	
	un par de guantes	$14	
	un suéter	$18	
	tres blusas	$35	
	unas sandalias	$22	
	unas medias rosadas	$3	
	un traje	$45	
	dos pantalones cafés	$38	

Rol	Artículo	Precio	Vendedor(a)
¡Tú eres un(a) cliente/a!	una camiseta roja	$10	
	un cinturón negro	$12	
	dos faldas	$38	
	tres carteras blancas	$36	
	unas gafas de sol	$9	
	un vestido amarillo	$15	
	un suéter	$18	
	un par de zapatos de tenis	$33	
	dos pantalones cortos	$30	

comunicación

5

Shopping assignments

Rol	Artículo	Precio	Cliente/a
¡Tú eres un(a) vendedor(a)!	una camisa morada	$10	
	tres blusas	$40	
	un cinturón negro	$8	
	una cartera roja	$12	
	un par de guantes	$14	
	unas sandalias	$22	
	un traje	$45	
	dos faldas	$38	
	un suéter	$18	

Rol	Artículo	Precio	Cliente/a
¡Tú eres un(a) vendedor(a)!	un par de zapatos de tenis	$30	
	un sombrero	$17	
	tres faldas	$28	
	unos jeans	$14	
	una corbata azul	$12	
	unas medias rosadas	$3	
	tres carteras blancas	$36	
	un vestido amarillo	$15	
	dos pantalones cortos	$30	

Rol	Artículo	Precio	Cliente/a
¡Tú eres un(a) vendedor(a)!	una corbata azul	$15	
	unas gafas de sol	$7	
	un traje de baño	$20	
	dos trajes	$15	
	unas botas	$20	
	una camisa anaranjada	$10	
	tres blusas	$35	
	un cinturón negro	$12	
	unas gafas de sol	$9	

Rol	Artículo	Precio	Cliente/a
¡Tú eres un(a) vendedor(a)!	dos abrigos	$50	
	unas medias amarillas	$3	
	un par de sandalias	$17	
	un sombrero	$15	
	un suéter	$18	
	dos pantalones cafés	$38	
	una camiseta roja	$10	
	un par de zapatos de tenis	$33	
	dos pantalones azules	$30	

comunicación

5

Shopping assignments

Rol	Artículo	Precio	Vendedor(a)

Rol	Artículo	Precio	Vendedor(a)

Rol	Artículo	Precio	Cliente/a

Rol	Artículo	Precio	Cliente/a

Nombre ______________________ Fecha ______________________

recapitulación

¡A repasar! Review everything you have learned in **Lección 6**.

1 **Las compras** Write three Spanish words from **Contextos** in each category.

	la ropa	**los lugares**	**las personas**
1.	______	______	______
2.	______	______	______
3.	______	______	______

2 **La ropa** Write three things each person is wearing.

Don Tomás

1. ______________________
2. ______________________
3. ______________________

Doña Eugenia

1. ______________________
2. ______________________
3. ______________________

3 **Analogías** Complete the analogies using the words in the box. Two words will not be used.

barato   bonito   cada   corto   nuevo   pobre

1. malo : bueno :: feo : ______________________
2. mucho : poco :: rico : ______________________
3. grande : pequeño :: largo : ______________________
4. limpio : sucio :: caro : ______________________

4 **Completar** Complete each sentence with the verb **saber** or **conocer**.

1. ¿Ustedes ______________________ quién es el director de la película *Babel*?
2. Débora ______________________ un buen restaurante chileno.
3. Mi hermano ______________________ cantar muy bien.
4. Nosotros ______________________ al presidente de México.

5 **Qué mala hija** Complete this e-mail with indirect object pronouns.

Para: Natalia | De: Fernanda | Asunto: Preguntas.

Hola, hija:

No hablamos desde la semana pasada y tengo muchas preguntas.

¿(1)____________ regalaste los guantes a tu novio? ¿(2)____________ escribiste a tus tíos? ¿Tú (3)____________ compraste la falda rosada? Y a mí, ¿por qué no (4)____________ contestas los mensajes electrónicos?

¡Qué mala hija eres! Por favor, escribe.

Tu mamá, Fernanda

6 **Los pretéritos** Write sentences using the preterite with the elements below.

1. nosotros / ver / un vestido hermoso / el almacén Colores

   ____

2. ayer / yo / cerrar / la tienda / 10 p.m.

   ____

3. el martes / Luz / terminar / la tarea de español

   ____

4. la semana pasada / los amigos de mi primo / llegar / de Costa Rica

   ____

7 **Preguntas** Answer these questions using demonstrative pronouns.

Modelo

¿Quieres comprar este vestido? *No, no quiero éste. Quiero aquél.*

1. ¿Vas a comprar ese cinturón? ______________________________
2. ¿Te gusta aquella chaqueta? ______________________________
3. ¿Quieres usar este suéter? ______________________________
4. A tus amigos les gustan esos libros, ¿verdad? ______________________________

8  **¡A practicar!** In groups of three, prepare a funny skit about a scene in a clothing store. One student should be the store owner and the other two should be customers wanting to bargain. Be sure to include:

- vocabulary (clothing, shopping, adjectives, colors, etc.)
- **saber** and **conocer**
- indirect object pronouns
- preterite tense of regular verbs
- demonstrative adjectives and pronouns

If possible, film your skit and present it to the class. Be creative!

answers to activities

Lección 6

contextos

1 **Horizontales:** 1. elegante 4. vendedora 6. blanco 9. rosado 10. caja **Verticales:** 2. tienda 3. regalo 5. rebaja 7. cliente 8. precio

2 1. correcto 2. incorrecto; el sombrero 3. incorrecto; los guantes 4. incorrecto; la chaqueta 5. incorrecto; las gafas 6. correcto 7. correcto 8. incorrecto; la corbata 9. incorrecto; la camiseta 10. correcto 11. incorrecto; los calcetines 12. incorrecto; el traje de baño

estructura

6.1 *Saber* and *conocer*

1 **A.** 1. a 2. a 3. b 4. b 5. b 6. a 7. b 8. b 9. b 10. a **B.** Answers will vary.

2 Answers will vary.

6.2 Indirect object pronouns

1 **A.** 1. le 2. les 3. me 4. te 5. les 6. nos 7. le 8. me 9. les 10. te **B.** Answers will vary.

2 **A.** 1. Mis primos les dan un regalo a sus papás. 2. Edgar le compra un hermoso vestido a Manuela. 3. Nosotros les hablamos en inglés a nuestros hijos. 4. Yo le preparo un delicioso almuerzo a mi novio/a. 5. Tú le prestas tu ropa a tu hermano/a. 6. Diana les traduce las canciones a sus compañeros de clase. 7. Maribel y yo le entregamos las maletas al botones del hotel. 8. Yo te tomo fotos a ti. 9. Tus amigos me consiguen un traje a mí. 10. Pedro nos dice mentiras a nosotros. **B.** Answers will vary.

6.3 Preterite tense of regular verbs

1 1. pagó 2. oyó 3. regaló 4. bailaron 5. llegó 6. enseñó 7. escribí 8. compraron 9. comimos 10. encontró 11. vio 12. leyeron

2 Answers will vary.

6.4 Demonstrative adjectives and pronouns

1 First sentence in each answer will vary. 1. Mi tía compró ese abrigo marrón. 2. Darío vendió esa bicicleta anaranjada. 3. Ana y Tulio le regalaron esas sandalias a María. 4. Yo conozco a aquel joven. 5. Ellas le entregaron el dinero a aquella clienta. 6. Tú encontraste estos libros en la cafetería. 7. Nosotros te buscamos aquellos calcetines a ti. 8. Valentina vio aquel libro en la librería. 9. Mi primo me invitó a ese parque. 10. Todos mis hermanos usan aquellos pantalones cortos en el partido.

comunicación

1 Answers will vary.

2 Answers will vary.

3 1. a 2. b 3. c 4. a 5. a 6. b 7. c 8. b 9. a 10. c

4 Answers will vary.

5 Answers will vary.

recapitulación

1 Answers will vary. Sample answers: **la ropa:** 1. la camisa 2. la falda 3. el pantalón **los lugares:** el almacén 2. la tienda 3. el centro comercial **las personas:** 1. el cliente 2. la vendedora 3. el dependiente

2 Answers will vary. Sample answers: **Don Tomás:** 1. una corbata 2. una camisa 3. un traje **Doña Eugenia:** 1. una blusa 2. un pantalón 3. unas sandalias

3 1. bonito 2. pobre 3. corto 4. barato

4 1. saben 2. conoce 3. sabe 4. conocemos

5 1. Le 2. Les 3. te 4. me

6 Nosotros vimos un vestido hermoso en el almacén Colores. 2. Ayer, cerré la tienda a las 10 p.m. 3. El martes, Luz terminó la tarea de español. 4. La semana pasada, los amigos de mi primo llegaron de Costa Rica.

7 Answers may vary. Sample answers: 1. No, no voy a comprar ése. Voy a comprar aquél. 2. No, no me gusta aquélla. Me gusta ésa. 3. No, no quiero usar éste. Quiero usar ése. 4. No, a mis amigos no les gustan ésos. A mis amigos les gustan aquéllos.

8 Answers will vary.

Nombre ____________________ Fecha ____________________

Lección 7

1 **Crucigrama** Completa el crucigrama.

Horizontales

3. producto cosmético que se pone en la cara
5. un tipo de zapato suave y cómodo para usar en el hogar (*home*)
6. un producto que se usa para ducharse o lavarse la cara
9. el reloj que nos despierta
10. te secas el cuerpo con ella

Verticales

1. un producto cosmético que alguien usa para afeitarse
2. el lugar del baño donde te lavas las manos y la cara
4. el producto con el que nos lavamos el pelo
7. la habitación donde nos duchamos
8. cuando lo miras, ves tu imagen

Nombre ______________________________ Fecha ______________________________

contextos

2 **Correcto o incorrecto** Mira cada ilustración y decide si la palabra corresponde a la imagen. Si es incorrecta, escribe la palabra apropiada.

secarse ❍

1. ____________________

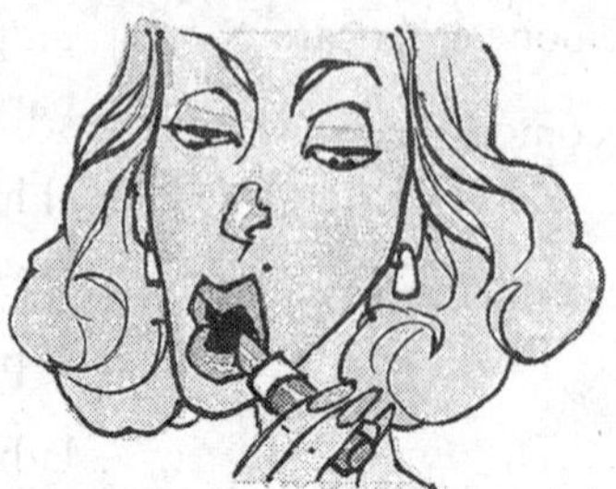

despertarse ❍

2. ____________________

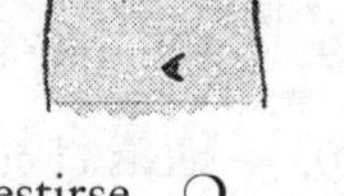

vestirse ❍

3. ____________________

cepillarse los dientes ❍

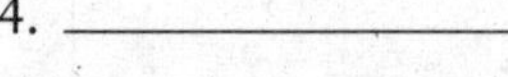

4. ____________________

ducharse ❍

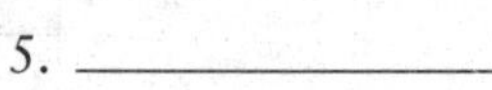

5. ____________________

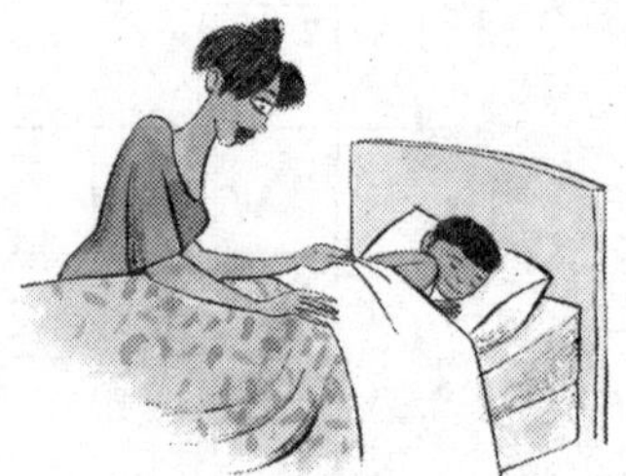

maquillarse ❍

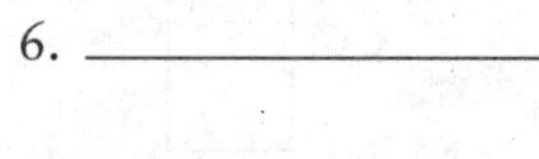

6. ____________________

levantarse ❍

7. ____________________

dormirse ❍

8. ____________________

peinarse ❍

9. ____________________

despedirse ❍

10. ____________________

enojarse ❍

11. ____________________

afeitarse ❍

12. ____________________

Nombre ______________________ Fecha ______________________

estructura

7.1 Reflexive verbs

1 **Nuevos amigos** Carlos está buscando nuevos/as amigos/as en Internet. Completa los mensajes electrónicos donde sus nuevos/as amigos/as le escriben sobre sus rutinas diarias. Usa los verbos de la lista.

afeitarse	despertarse	enojarse	levantarse	peinarse	quedarse
bañarse	dormirse	irse	llamarse	ponerse	sentarse
cepillarse	ducharse	lavarse	maquillarse	preocuparse	vestirse

Para: Carlos | De: Mónica | Asunto: ¡Me gusta mucho mi rutina diaria!

Hola, Carlos:

Mi nombre es Mónica y mi vida es muy tranquila. (1)__________ a las 6 de la mañana. (2)__________ y (3)__________ los dientes. Después, (4)__________ y (5)__________ el pelo. Salgo para la escuela a las 7 de la mañana. Durante las clases, siempre (6)__________ en la silla cerca de la ventana para poder ver los árboles del parque.

Moni

Para: Carlos | De: Diana y Natalia | Asunto: ¡Somos unas gemelas muy bonitas!

Buenos días, Carlos:

(7)__________ Diana y Natalia. Somos unas gemelas muy hermosas. Aunque (*Although*) algunas veces nosotras tenemos problemas y (8)__________, hacemos todo juntas, por eso nuestras rutinas son iguales. Todas las mañanas, (9)__________ ropa muy bonita para ir a la escuela. Regresamos a nuestra casa a las 6 de la tarde. (10)__________ la cara, comemos y (11)__________ a las 9.

Las gemelas fantásticas

Para: Carlos | De: Carlota | Asunto: La rutina de mi hermano

¿Qué tal?, Carlos:

Te voy a hablar de la rutina de mi hermano. Se llama Patricio. Es muy tímido pero muy guapo. Su rutina diaria es muy loca. Él trabaja toda la noche, por eso, se duerme a las 7 de la mañana. (12)__________ a las 3 de la tarde, (13)__________, (14)__________ y sale al parque, allá (15)__________ hasta las 6 con sus amigos. Cuando regresa, (16)__________ y (17)__________ para su trabajo. Él siempre (18)__________ por mí. Es muy buen hermano.

Tu nueva amiga, Carlota

estructura

7.2 Indefinite and negative words

1 Negativas e indefinidas

A. Elige la palabra indefinida o negativa que mejor completa cada oración.

1. Todo es muy bonito, pero no tengo ganas de comprar __________.
   a. nadie b. nada c. algún
2. ¿Por qué __________ vas al cine con tus amigos?
   a. algo b. nadie c. nunca
3. ¡Hay __________ extraño dentro de mi casa!
   a. alguna b. siempre c. algo
4. ¿Por qué no hablaste con __________ en la fiesta?
   a. nadie b. jamás c. nunca
5. Quiero comprar __________ toallas en el centro comercial.
   a. algunas b. tampoco c. alguien
6. ¿Hay __________ tienda cerca de este parque?
   a. alguien b. algunos c. alguna
7. Raúl no quiere __________ ducharse __________ vestirse para ir a la escuela.
   a. o… o b. ni… ni c. no… nada
8. Nosotras __________ vamos al cine con chicos.
   a. jamás b. nadie c. nada
9. A Viviana le gusta jugar al tenis y a Andrea __________.
   a. nadie b. también c. algunos
10. Mis padres no saben conducir y los de Maribel __________.
    a. siempre b. alguien c. tampoco

B. Ahora, escribe tres oraciones y reta a (*challenge*) un(a) compañero/a a escoger la palabra indefinida o negativa apropiada para cada una.

1. ______________________________
   a. __________ b. __________ c. __________
2. ______________________________
   a. __________ b. __________ c. __________
3. ______________________________
   a. __________ b. __________ c. __________

Nombre ______________________ Fecha ______________________

estructura

7.2 Indefinite and negative words

2 **Flor y el vendedor**

A. Flor está en su centro comercial favorito. De repente (*suddenly*), un vendedor de artículos de limpieza para el cuerpo y la cara, que tiene muchas ganas de hablar, insiste en mostrarle todos sus productos. Ella no quiere comprar nada. Ayuda a Flor a contestar las preguntas del vendedor.

Modelo

¿Tiene alguno de nuestros productos en su baño?
No, no tengo ninguno de sus productos en mi baño.

1. ¿Quiere conocer alguno de nuestros productos?
   ____
2. ¿Usted siempre se maquilla?
   ____
3. ¿A usted le gusta algún champú?
   ____
4. ¿Desea comprar algunos de estos hermosos espejos?
   ____
5. ¿Quiere comprar jabones o quiere comprar toallas?
   ____
6. ¿Usted piensa volver al centro comercial algún día?
   ____
7. ¿Alguien en su familia necesita un champú especial?
   ____
8. ¿Usted desea probar (*try*) alguna de nuestras cremas de afeitar?
   ____
9. Y ¿no quiere lavarse los dientes con nuestra nueva pasta de dientes?
   ____
10. A mí no me gusta contestar preguntas. Y ¿a usted?
    ____

B. Ahora, en parejas, creen un diálogo con las preguntas de la actividad A y las respuestas que escribieron. Presenten el diálogo a la clase. ¡Sean creativos/as!

Nombre ______________________ Fecha ______________________

estructura

7.3 Preterite of **ser** and **ir**

1 ***Ser o ir*** Forma oraciones con estos elementos. Usa el pretérito de **ser** o **ir**. Después, escribe el infinitivo de la forma verbal correcta en el espacio indicado.

1. ayer / día frío (__________)

2. lunes / centro comercial / Luis (__________)

3. Manuela y yo / cine / semana pasada (__________)

4. mis primos / piscina / anoche (__________)

5. yo / Salamanca / año pasado (__________)

6. Juan / presidente / equipo de fútbol / dos años (__________)

7. ¿tú / novia / mi hermano? (__________)

8. ellos / baile / escuela (__________)

9. nuestros padres / muy felices (__________)

10. tu bisabuela / mujer / muy elegante (__________)

Nombre ______________________ Fecha ______________________

estructura

7.3 Preterite of **ser** and **ir**

2 **Viaje a Machu Picchu**

A. Completa, con los pretéritos de los verbos **ser** o **ir**, la descripción de Paola de su viaje a Machu Picchu.

Mi viaje a Machu Picchu (1) ____________ fantástico. (2) ____________ con mis papás y mi hermano Juan Pablo. Antes de llegar a la ciudad perdida (*lost*), (3) ____________ a Cuzco.

Todos los días (4) ____________ muy bonitos, siempre salió el sol. ¡Qué interesante! Esa ciudad (5) ____________ la capital del imperio (*empire*) inca.

Cuando llegamos a Machu Picchu (6) ____________ a ver el paisaje. Después, (7) ____________ al Templo del Sol. Esa noche comimos y dormimos en el hotel cerca de la ciudad perdida. La comida (8) ____________ excelente.

Al día siguiente, nos levantamos temprano, mi hermanito y yo (9) ____________ a caminar a la montaña y mis papás (10) ____________ a comprar regalos para mis tíos y mis primos. Por la tarde, yo (11) ____________ a hablar con el guía porque mis papás decidieron quedarse un día más.

Por último, regresamos a Cuzco. Este viaje (12) ____________ muy importante para mí porque viví momentos muy especiales con mi familia.

B. Ahora, escribe una descripción de alguno de tus viajes. Recuerda usar los pretéritos de **ser** o **ir**. Comparte tu descripción con la clase.

____

____

____

____

____

Nombre ______________________ Fecha ______________________

estructura

7.4 Verbs like **gustar**

1 **¿Qué les fascina?** Usa cada imagen y la lista de verbos para escribir una oración lógica.

aburrir	fascinar	interesar
encantar	gustar	molestar
faltar	importar	quedar

1. ______________________

2. ______________________

3. ______________________

4. ______________________

5. ______________________

6. ______________________

7. ______________________

8. ______________________

9. ______________________

Nombre ______________________ Fecha ______________________

estructura

7.4 Verbs like **gustar**

2 **¡Qué aburrida!** Tatiana es una chica muy aburrida. Escribe sus respuestas cuando sus amigos le hablan de sus gustos. Usa un verbo diferente en cada oración.

Modelo

A Luis le encanta nadar en el mar.
Ay no, a mí me aburre mucho nadar en el mar.

1. A mí me encanta correr en el parque los domingos.
   Ay no, a mí ______________________
2. A Mario y Camila les aburren las clases de matemáticas.
   Ay no, a mí ______________________
3. A nosotros nos fascina levantarnos tarde los fines de semana.
   Ay no, a mí ______________________
4. ¿A ti te molesta ir de compras?
   Ay no, a mí ______________________
5. A Verónica la blusa rosada le queda bien.
   Ay no, a mí ______________________
6. A mí me interesan algunas revistas de moda (*fashion*).
   Ay no, a mí ______________________
7. A Marta nunca le falta dinero para comprar ropa nueva.
   Ay no, a mí ______________________
8. A Teresa y Tulio no les aburre la televisión.
   Ay no, a mí ______________________
9. A Luisa y a mí nos fascina visitar a nuestros primos en Perú.
   Ay no, a mí ______________________
10. A ti no te interesa nada, ¡eres muy aburrida!
    Ay no, a mí ______________________

Nombre _______________ Fecha _______________

comunicación

Estudiante 1

1 **La familia ocupada** (student text p. 239) Tú y tu compañero/a asisten a un programa de verano en Lima, Perú. Viven con la familia Ramos. Tienes la rutina incompleta que la familia sigue en las mañanas. Trabaja con tu compañero/a para completarla.

modelo

Estudiante 1: *¿Qué hace el señor Ramos a las seis y cuarto?*
Estudiante 2: El señor Ramos se levanta.

	El Sr. Ramos	La Sra. Ramos	Pepito y Pablo	Sara y nosotros/as
6:15		levantarse	dormir	
6:30	ducharse	peinarse		dormir
6:45			dormir	
7:00	despertar a Sara	maquillarse		
7:15			levantarse	peinarse
7:30	desayunar		bañarse	
7:45	lavar los platos			desayunar
8:00		irse con Pepito y Pablo		ir al campamento de verano (*summer camp*)
8:15	ir al trabajo		jugar con su primo	

Nombre

Fecha

comunicación

Estudiante 2

1 **La familia ocupada** (student text p. 239) Tú y tu compañero/a asisten a un programa de verano en Lima, Perú. Viven con la familia Ramos. Tienes la rutina incompleta que la familia sigue en las mañanas. Trabaja con tu compañero/a para completarla.

modelo

Estudiante 1: *¿Qué hace el señor Ramos a las seis y cuarto?*
Estudiante 2: El señor Ramos se levanta.

	El Sr. Ramos	La Sra. Ramos	Pepito y Pablo	Sara y nosotros/as
6:15	levantarse			dormir
6:30			dormir	
6:45	afeitarse	ducharse		dormir
7:00			dormir	levantarse
7:15	preparar el café	despertar a Pepito y a Pablo		
7:30		bañar a Pepito y a Pablo		ducharse
7:45		desayunar	desayunar	
8:00	llevar a Sara y a nosotros/as al campamento de verano (*summer camp*)		irse con su mamá	
8:15		visitar a su hermana		nadar

Nombre Fecha

comunicación

Síntesis

2 **Encuesta** (student text p. 243) Circula por la clase y pídeles a tus compañeros/as que comparen las actividades que hacen durante la semana con las que hacen durante los fines de semana. Escribe las respuestas.

modelo

Tú: ¿Te acuestas tarde los fines de semana?
Susana: *Me acuesto tarde algunas veces los fines de semana, pero nunca durante la semana.*

Actividades	Nombres de tus compañeros/as	Siempre	Nunca	Algunas veces
1. acostarse tarde				
2. comer en un restaurante				
3. irse a casa				
4. ir al mercado o al centro comercial				
5. ir de compras con algunos amigos				
6. levantarse temprano				
7. limpiar (*to clean*) su cuarto				
8. mirar la televisión				
9. pasear en bicicleta				
10. quedarse en su cuarto por la noche				
11. salir con alguien				
12. sentarse a leer periódicos o revistas				

Nombre ______________________ Fecha ______________________

comunicación

Estudiante 1

3 **La residencia** (student text p. 249) Tú y tu compañero/a de clase son los directores de una residencia estudiantil en Perú. Cada uno de ustedes tiene las descripciones de cinco estudiantes. Con la información tienen que escoger (*choose*) quiénes van a ser compañeros de cuarto. Después, completen la lista.

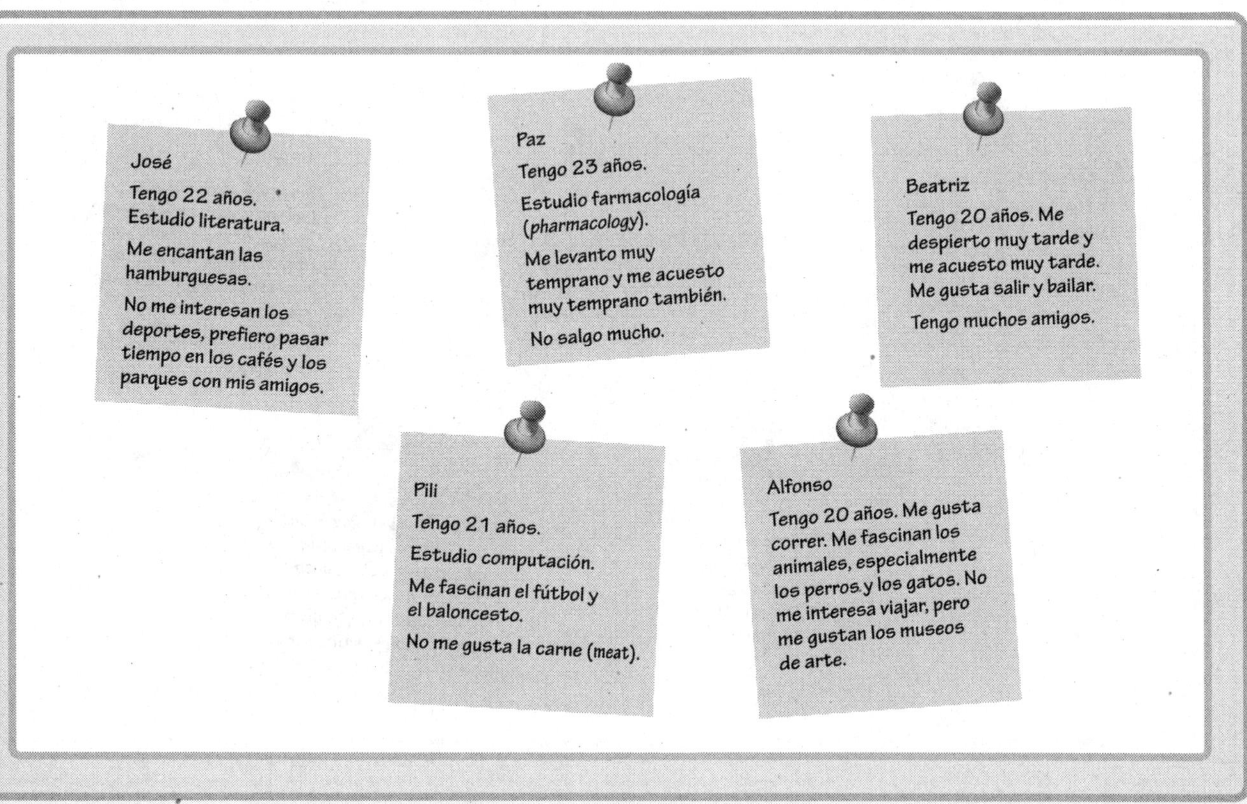

1. Habitación 201: ______________________ y ______________________

   ¿Por qué? ____

2. Habitación 202: ______________________ y ______________________

   ¿Por qué? ____

3. Habitación 203: ______________________ y ______________________

   ¿Por qué? ____

4. Habitación 204: ______________________ y ______________________

   ¿Por qué? ____

5. Habitación 205: ______________________ y ______________________

   ¿Por qué? ____

Nombre ______________________ Fecha ______________________

comunicación

Estudiante 2

3 **La residencia** (student text p. 249) Tú y tu compañero/a de clase son los directores de una residencia estudiantil en Perú. Cada uno de ustedes tiene las descripciones de cinco estudiantes. Con la información tienen que escoger (*choose*) quiénes van a ser compañeros de cuarto. Después, completen la lista.

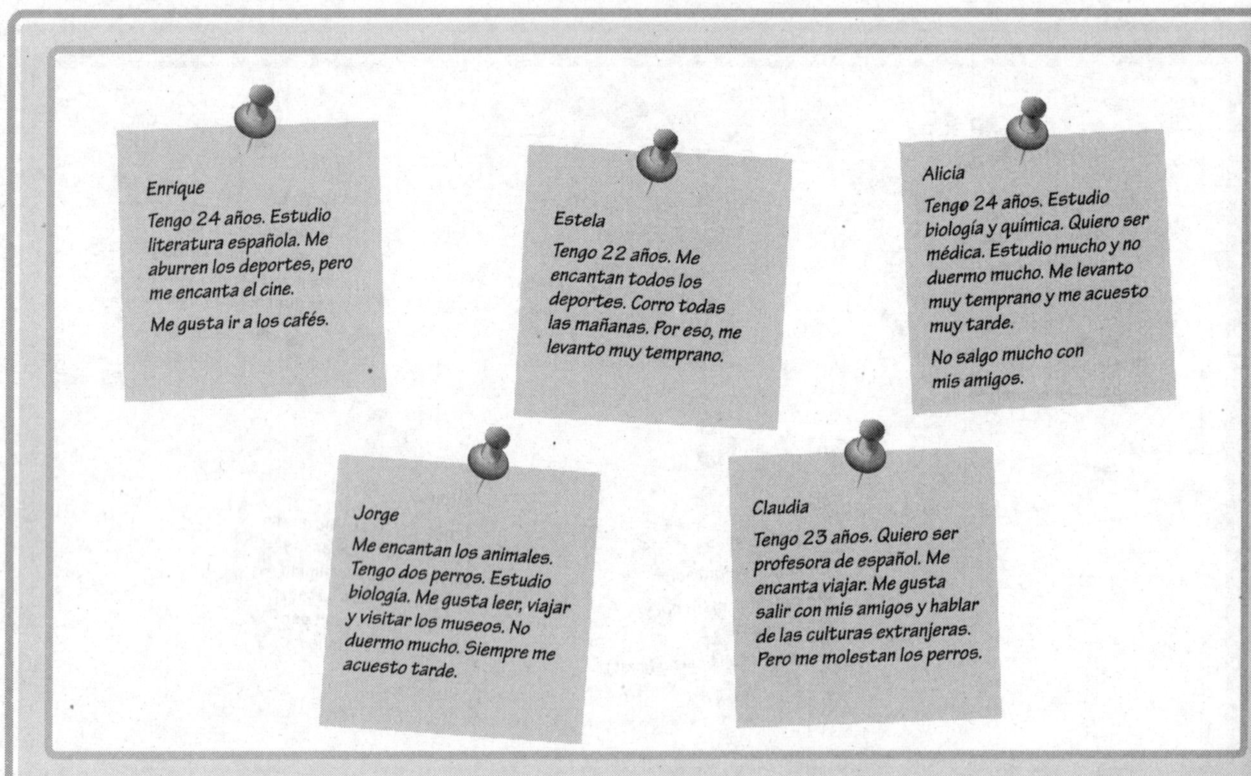

1. Habitación 201: ______________ y ______________

   ¿Por qué? ______________________________

2. Habitación 202: ______________ y ______________

   ¿Por qué? ______________________________

3. Habitación 203: ______________ y ______________

   ¿Por qué? ______________________________

4. Habitación 204: ______________ y ______________

   ¿Por qué? ______________________________

5. Habitación 205: ______________ y ______________

   ¿Por qué? ______________________________

comunicación

4 **El programa de entrevistas** En grupos, su profesor(a) les entrega unas tarjetas (*cards*) con un escenario en cada una. Escojan sus roles y preparen un programa de entrevistas (*talk show*) de diez minutos; sigan (*follow*) las instrucciones de las tarjetas. Recuerden incluir el vocabulario y la gramática de esta lección. Presenten el programa a la clase. ¡Sean creativos/as!

Modelo

Señor Ramírez: ¿Cuál es su problema, doña Rafaela?

Doña Rafaela: Estoy muy preocupada porque hace tres años que mi esposo, Bernardo, no se afeita.

Señor Ramírez: ¿Y usted sabe por qué su esposo no se afeita?

Doña Rafaela: Sí, claro. Él no se afeita porque espera ganar algún concurso (*contest*).

Señor Ramírez: ¿Usted qué piensa, don Bernardo?

Don Bernardo: Yo no me quiero afeitar. Y pienso que mi esposa debe participar en el concurso también.

Señor Ramírez: ¿Y usted qué dice doña Rafaela?

Doña Rafaela: ¡Yo no quiero participar en ningún concurso!

comunicación

4 El programa de entrevistas

Time: 30 minutes

Resources: Role-play cards

Instructions: Photocopy the role-play cards and have students form groups of five. Give the groups a set of cards and ask students to each choose a different role. Groups should prepare a five- to eight-minute talk show using the vocabulary and grammar from this lesson. Give students 15 minutes to prepare their segments and make sure all students have a speaking part. Once all the groups have presented, poll the class to vote on which show was the most creative/fun/interesting, etc.

If you cannot divide the class into groups of 5, or if you want the interviews to be shorter, you can create smaller groups by cutting one or two of the secondary characters from each set of cards.

To expand this activity, ask students to come dressed as their character and prepare their own TV sets. Students can also film their segments and share them with the class.

comunicación

4 Role-play cards

Señor(a) Ramírez, 35 años, periodista, Cuba.
Tú eres el/la entrevistador(a) (*interviewer*). Tú debes dar la bienvenida al programa y presentar a los invitados (*guests*). Debes hacerles estas preguntas:

1. ¿Cómo se llama usted?
2. ¿Cuántos años tiene?
3. ¿Cuál es su profesión?
4. ¿Cuál es su nacionalidad?
5. ¿Cómo es su rutina diaria?
6. ¿Qué (no) le gusta/aburre/encanta/interesa?
7. ¿Cuál es su problema?
8. ¿Qué piensa sobre este problema?

Doña Marina, 48 años, abogada, Costa Rica.
Tú eres una madre enojada porque tu hija nunca se baña y su novio tampoco. Te gusta bañarte tres veces al día. Piensas que tu hija necesita un baño y un novio nuevo y limpio.

Maribel, 15 años, estudiante, Costa Rica.
Tú eres una hija aburrida, no te gusta bañarte y no te interesa estar limpia. Piensas que tu mamá necesita un viaje a la playa y que tú necesitas un novio más guapo.

Don Daniel, 70 años, médico, Perú.
Tu hija se llama Marina. Estás muy triste porque tu hija y tu nieta no comparten sus rutinas. Piensas que ellas necesitan hacer un viaje juntas, sin el novio de Maribel.

Lucho, 17 años, estudiante, México.
Tú eres el novio de Maribel, tampoco te gusta bañarte y nunca te cepillas los dientes. Piensas que necesitas una suegra menos (*less*) antipática y una novia nueva.

Señor(a) Ramírez, 35 años, periodista, Cuba.
Tú eres el/la entrevistador(a) (*interviewer*). Debes dar la bienvenida al programa y presentar a los invitados (*guests*). Debes hacerles éstas preguntas:

1. ¿Cómo se llama usted?
2. ¿Cuántos años tiene?
3. ¿Cuál es su profesión?
4. ¿Cuál es su nacionalidad?
5. ¿Cómo es su rutina diaria?
6. ¿Qué (no) le gusta/aburre/encanta/interesa?
7. ¿Cuál es su problema?
8. ¿Qué piensa sobre este problema?

Gabriel, 30 años, ingeniero, Colombia.
Tú eres un novio celoso (*jealous*) y estás muy enojado porque tu novia se maquilla mucho para ir a la universidad; te molestas mucho cuando ella se pone bonita y habla con sus compañeros. Piensas que ella debe quedarse en su casa y no estudiar ni hablar con nadie.

Marcela, 23 años, estudiante de arte, Argentina.
Tú eres una novia confundida. A ti te fascina maquillarte, peinarte y ponerte bonita pero tu novio se pone muy celoso porque hablas con tus compañeros en la universidad. Piensas que necesitas un novio más inteligente.

Ángela, 25 años, estudiante de economía, Chile.
Tú eres una buena amiga de Marcela. Te molesta mucho cuando tu amiga y tú están estudiando en tu casa y su novio llega a hacer un escándalo (*scandal*) porque ella se maquilla. Piensas que Marcela es muy bonita y que debe tener un novio diferente.

Javier, 29 años, profesor de arte, Puerto Rico.
Tú eres amigo de Marcela. A ti te aburre cuando Gabriel molesta a Marcela porque se maquilla. Piensas que tú puedes ser un buen compañero para Marcela.

comunicación

4 Role-play cards

Señor(a) Ramírez, 35 años, periodista, Cuba. Tú eres el/la entrevistador(a) (*interviewer*). Debes dar la bienvenida al programa y presentar a los invitados (*guests*). Debes hacerles éstas preguntas: 1. ¿Cómo se llama usted? 2. ¿Cuántos años tiene? 3. ¿Cuál es su profesión? 4. ¿Cuál es su nacionalidad? 5. ¿Cómo es su rutina diaria? 6. ¿Qué (no) le gusta/aburre/encanta/interesa? 7. ¿Cuál es su problema? 8. ¿Qué piensa sobre este problema?	
Luz, 60 años, profesora, Bolivia. Tú eres una artista famosa. Te preocupas mucho por tus nietos porque a ellos les fascina levantarse tarde y no les gusta ir a la escuela. Piensas que ellos necesitan estudiar, ser ordenados y levantarse más temprano.	**Manuel, 12 años, estudiante, Ecuador.** Tú eres un estudiante perezoso (*idle*). No te gusta levantarte para ir a la escuela y prefieres quedarte en tu cama mirando la televisión. Piensas que tu abuela debe dormir más, ¡porque ella se levanta a las 4 a.m.!
Beatriz, 14 años, estudiante, Ecuador. Tú eres una estudiante desordenada. Te acuestas muy tarde y te levantas muy tarde. No te interesa hacer tus tareas y te fascina escuchar la radio todo el día. Piensas que tú y tu hermano Manuel, tienen razón y que tu abuela debe dormir más y molestar menos (*less*).	**Ramón, 40 años, artista, Bolivia.** Tú eres un papá avergonzado de tu mamá. No te gusta cuando ella se enoja con tus hijos porque no van a la escuela. Piensas que tu mamá está loca y que tus hijos aprenden más cuando ven la televisión o cuando escuchan la radio que cuando van a la escuela.

Nombre ______________________ Fecha ______________________

comunicación

5 **Unos amigos presumidos (*conceited*)** En parejas, su profesor(a) les entrega dos tarjetas con un escenario en cada una. Preparen una conversación de tres o cuatro minutos; sigan las instrucciones de las tarjetas. Recuerden incluir el vocabulario y la gramática de esta lección. Presenten la conversación a la clase. ¡Sean creativos/as!

Modelo

Amiga 1: Hola, amiga, ¿cómo estás?

Amiga 2: Pues, muy cansada. Tú sabes, tengo un trabajo muy interesante. Viajar y viajar a muchos lugares...

Amiga 1: ¿Ah, sí? Pues yo también estoy muy cansada. Es que comprar todo el tiempo en almacenes importantes, tú sabes....

Amiga 2: Y bueno, tengo una rutina diaria muy ocupada. Por ejemplo, mañana, viajo temprano a Alaska, más tarde voy a Vancouver y en la noche a Florida. Ya conozco más de cien países.

Amiga 1: Pues mi rutina también es muy difícil. Mañana en la mañana tengo que ir a comprar chaquetas en H&M, al mediodía voy de compras a Macy's y en la tarde compro zapatos en Ann Taylor. Y bueno, puedo quedarme con todas las compras. Por cierto, ¿te interesa comprarme este vestido de Zara?

Amiga 2: ¿Y a ti te interesa viajar a Japón?, tengo unos pasajes baratos para vender.

Amiga 1: Uy, no, muchas gracias. Tengo que trabajar.

Amiga 2: A mí tampoco me interesa el vestido, tengo que viajar a Aruba y allá no necesito un vestido, bueno... sí necesito uno, pero un vestido de playa.

comunicación

Unos amigos presumidos (*conceited*)

Time: 30 minutes

Resources: Role-play cards

Instructions: Photocopy the role-play cards and have students form pairs. Give each pair a situation and ask students to each choose a different role. Together they should prepare a three- to four-minute conversation using the vocabulary and grammar from this lesson. Give students ten minutes to prepare and make sure all students participate and have a speaking part. Tell them to be prepared to role-play their conversations in front of the class. Once all the pairs have presented, poll the class to vote on which conversation was the most creative, fun, interesting, etc.

You can vary this activity by asking students to film their conversations and share them with the class.

comunicación

5 Role-play cards

Tú eres un(a) empleado/a de una agencia de viajes. Tu trabajo es visitar todas las islas del Caribe (*Caribbean islands*) antes de que los/las visitantes lleguen, para asegurarte (*make sure*) de que todo está funcionando (*working*) bien. Te gusta mucho tu trabajo porque te puedes quedar en las islas todo el tiempo que quieras y llevar a tu familia. Estás caminando por el parque y te encuentras con un(a) amigo/a y comienzas a alardear (*flaunt*) sobre tu trabajo. Tú estás muy orgulloso/a de tu trabajo y no crees que otra persona pueda tener uno mejor (*better*).	Tú eres un(a) supervisor(a) de atención al cliente de una gran empresa. Tu trabajo es visitar los almacenes más importantes del mundo y hacer muchas compras para evaluar la atención al cliente. Te gusta mucho tu trabajo porque puedes quedarte con todo lo que compras o venderlo a buenos precios. Estás caminando por el parque y te encuentras con un(a) amigo/a y comienzas a alardear (*flaunt*) sobre tu trabajo. Tú estás muy orgulloso/a de tu trabajo y no crees que otra persona pueda tener uno mejor (*better*).

Tú eres un(a) empleado/a de una agencia de viajes. Tu trabajo es visitar los hoteles de Europa y Asia antes de que los/las turistas lleguen para asegurarte (*make sure*) de que todo está funcionando (*working*) bien. Te gusta mucho tu trabajo porque puedes quedarte en las mejores habitaciones de los hoteles y disfrutar de todos los servicios sin límites; también porque puedes llevar a tu familia o amigos/as. Estás caminando por el parque y te encuentras con un(a) amigo/a y comienzas a alardear (*flaunt*) sobre tu trabajo. Tú estás muy orgulloso/a de tu trabajo y no crees que otra persona pueda tener uno mejor (*better*).	Tú trabajas como comprador(a) personal para celebridades. Tu trabajo es ayudar a la celebridad en todas sus compras, viajar a lugares exóticos y conseguir los mejores (*best*) productos para tus clientes/as. Te gusta mucho tu trabajo porque viajas a muchos lugares, conoces mucha gente importante y ganas (*earn*) mucho dinero. Estás caminando por el parque y te encuentras con un(a) amigo/a y comienzas a alardear (*flaunt*) sobre tu trabajo. Tú estás muy orgulloso/a de tu trabajo y no crees que otra persona pueda tener uno mejor (*better*).

Tú eres un(a) escritor(a) de guías de viajes (*travel guides*). Tu trabajo es viajar a todas las ciudades del mundo y escribir sobre ellas. Te gusta mucho tu trabajo porque puedes conocer todos los lugares que quieras (*that you want*) y siempre tienes mucho dinero para gastar. Estás caminando por el parque y te encuentras con un(a) amigo/a y comienzas a alardear (*flaunt*) sobre tu trabajo. Tú estás muy orgulloso/a de tu trabajo y no crees que otra persona pueda tener uno mejor (*better*).	Tú eres un(a) comprador(a) de arte. Tu trabajo es viajar por todo el mundo y comprar diferentes obras de arte. Te gusta mucho tu trabajo porque conoces a artistas muy importantes, museos reconocidos (*renowned*) y ganas mucho dinero. Estás caminando por el parque y te encuentras con un(a) amigo/a y comienzas a alardear (*flaunt*) sobre tu trabajo. Tú estás muy orgulloso/a de tu trabajo y no crees que otra persona pueda tener uno mejor (*better*).

Nombre ______________________ Fecha ______________________

recapitulación

¡A repasar! Sigue las instrucciones para hacer las actividades. Todas son diferentes y resumen todo lo que aprendiste en la **Lección 7**.

1

Ordenar Ordena las palabras de la lista en las categorías correctas.

acostarse	el inodoro	siempre
alguien	ponerse	tampoco
el champú	secarse	la toalla

	los verbos reflexivos	las palabras indefinidas o negativas	el baño
1.	________	________	________
2.	________	________	________
3.	________	________	________

2

Seleccionar Selecciona la palabra que no está relacionada con cada grupo.

1. afeitarse • bañarse • peinarse • enojarse
2. champú • jabón • zapatillas • pasta de dientes
3. aburrir • encantar • fascinar • interesar
4. algo • alguien • alguno • siempre

3

Completar Completa las oraciones con el verbo reflexivo correcto.

1. Mi hermano Daniel siempre ______________ los dientes después de las comidas.
2. Nosotros ______________ los zapatos de tenis para jugar baloncesto.
3. Tu amigo Raúl ______________ tarde todos los fines de semana.
4. Las niñas ______________ los vestidos para la fiesta en el almacén.

4

Una clienta enojada Completa, con las palabras del cuadro (*box*), el mensaje electrónico que Mariluz le envía a un almacén donde le vendieron un champú muy malo. No vas a usar dos palabras de la lista.

algo nada nadie ningún nunca siempre

Para: Almacén La Gran Rebaja | De: Mariluz Ortiz | Asunto: Su champú es muy malo

Buenos días:

Hace una semana compré un champú en su almacén. ¡Y ahora no tengo pelo! (1)__________ voy a volver a comprar (2)__________ en su almacén, porque es muy caro y los productos son muy malos. Ayer fui a decirles a sus vendedores lo que pasó (*what happened*) y (3)__________ vendedor se preocupó. Me molesta que (4)__________ me ayude o me de una respuesta.

Mariluz Ortiz

5 ***Ser* o *ir*** Completa las oraciones con la forma correcta del pretérito del verbo **ser** o **ir**.

1. Yo ___________ a Panamá el año pasado.
2. El invierno pasado ___________ muy frío.
3. Cecilia y yo ___________ al supermercado ayer por la mañana.
4. Las vacaciones con mi familia este año ___________ muy interesantes.

6 **Escoger** Escoge la respuesta que mejor completa cada oración.

1. A mí no ___________________ bien este vestido.
   a. me queda b. me falta c. te importa
2. A ti ___________________ levantarte temprano.
   a. nos queda b. te molesta c. le importa
3. A Luis y a mí ___________________ cien dólares para comprar los pasajes de avión.
   a. les importan b. nos faltan c. nos encantan
4. A los clientes ___________________ las rebajas.
   a. le molestan b. les aburren c. les encantan

7 **Una novia cansada** Camila salió hoy con su novio Adolfo pero está muy cansada. Contesta las preguntas de Adolfo; usa las palabras indefinidas o negativas correctas en tus respuestas. Sigue el modelo.

Modelo

Amor, ¿quieres comer algo?
No, no quiero comer nada.

1. Amor, ese es tu almacén favorito, ¿vas a comprar algún vestido?
   No, ____
2. Amor, ya sé, vamos al cine, ¿te gusta alguna de estas películas?
   No, ____
3. Amor, yo sé que estás cansada, ¿quieres seguir caminando o quieres sentarte?
   No, ____
4. Amor, mira, un teléfono, ¿deseas hablar con alguien?
   No, ____

8 **¡A practicar!** En grupos de cuatro personas, preparen un diálogo divertido en el que unos padres preocupados hablan con sus hijos sobre sus rutinas diarias y las razones (*reasons*) por las que no tienen buenas notas en la escuela. Incluyan:

- el vocabulario (el baño, palabras adicionales, etc.)
- los verbos reflexivos
- las palabras indefinidas y negativas
- el pretérito de **ser** e **ir**
- los verbos similares a **gustar**

Presenten su diálogo a la clase. ¡Sean creativos/as!

contextos

1 **Horizontales:** 3. maquillaje 5. pantuflas 6. jabón 9. despertador 10. toalla **Verticales:** 1. crema de afeitar 2. lavabo 4. champú 7. baño 8. espejo

2 1. incorrecto; despedirse 2. incorrecto; maquillarse 3. correcto 4. incorrecto; enojarse 5. incorrecto; levantarse 6. incorrecto; acostar/acostarse 7. incorrecto; despertarse 8. incorrecto; cepillarse los dientes 9. correcto 10. incorrecto; secarse 11. incorrecto; ducharse 12. correcto

estructura

7.1 Reflexive verbs

1 Some answers will vary slightly. 1. Me levanto 2. Me ducho 3. me cepillo 4. me maquillo 5. me peino 6. me siento 7. Nos llamamos 8. nos enojamos 9. nos ponemos 10. Nos lavamos 11. nos dormimos 12. Se despierta/Se levanta 13. se baña/se ducha 14. se viste 15. se queda 16. se afeita 17. se va 18. se preocupa

7.2 Indefinite and negative words

1 **A.** 1. b 2. c 3. c 4. a 5. a 6. c 7. b 8. a 9. b 10. c **B.** Answers will vary.

2 **A.** Some answers may vary slightly. 1. No, no quiero conocer ninguno de sus productos. 2. No, nunca me maquillo. 3. No, no me gusta ningún champú. 4. No, no deseo comprar ninguno de esos espejos. 5. No, no quiero comprar ni jabones ni toallas. 6. No, no pienso volver al centro comercial jamás/nunca. 7. Nadie en mi familia necesita un champú especial. 8. No, no deseo probar ninguna de sus cremas de afeitar. 9. No, tampoco quiero lavarme los dientes con su pasta de dientes. 10. A mí tampoco me gusta contestar preguntas. **B.** Answers will vary.

7.3 Preterite tense of *ser* and *ir*

1 Some answers will vary. Sample answers: 1. Ayer fue un día muy frío. (ser) 2. El lunes fui al centro comercial con Luis. (ir) 3. Manuela y yo fuimos al cine la semana pasada. (ir) 4. Mis primos fueron a la piscina anoche. (ir) 5. Yo fui a Salamanca el año pasado. (ir) 6. Juan fue presidente del equipo de fútbol durante/por dos años. (ser) 7. ¿Tú fuiste novia de mi hermano? (ser) 8. Ellos fueron al baile de la escuela. (ir) 9. Nuestros padres fueron muy felices. (ser) 10. Tu bisabuela fue una mujer muy elegante. (ser)

2 **A.** 1. fue 2. Fui 3. fuimos 4. fueron 5. fue 6. fuimos 7. fuimos 8. fue 9. fuimos 10. fueron 11. fui 12. fue **B.** Answers will vary.

7.4 Verbs like *gustar*

1 Answers will vary.

2 Answers will vary. Sample answers: 1. me aburre correr en el parque los domingos. 2. me encantan las clases de matemáticas. 3. me molesta levantarme tarde los fines de semana. 4. me fascina ir de compras. 5. la blusa rosada no me queda bien. 6. no me importa ninguna revista de moda. 7. siempre me falta dinero para comprar ropa nueva. 8. no me interesa la televisión. 9. me molesta visitar a mis primos en Costa Rica. 10. me fascina todo, no soy para nada aburrida.

comunicación

1 Answers will vary.

2 Answers will vary.

3 Answers will vary.

4 Answers will vary.

5 Answers will vary.

recapitulación

1 **los verbos reflexivos:** 1. acostarse 2. ponerse 3. secarse **las palabras indefinidas o negativas:** 1. alguien 2. siempre 3. tampoco **el baño:** 1. el champú 2. el inodoro 3. la toalla

2 1. enojarse 2. zapatillas 3. aburrir 4. siempre

3 1. se cepilla 2. nos ponemos 3. se levanta/se acuesta/se duerme 4. se prueban/se ponen

4 1. Nunca 2. nada 3. ningún 4. nadie

5 1. fui 2. fue 3. fuimos 4. fueron

6 1. a 2. b 3. b 4. c

7 Answers may vary. Sample answers: 1. no quiero comprar ningún vestido. 2. no me gusta ninguna de estas películas. 3. no quiero ni seguir caminando ni quiero sentarme. 4. no quiero hablar con nadie.

8 Answers will vary.

Nombre ______________________ Fecha ______________________

contextos

Lección 8

1 **Correcto o incorrecto** Mira cada ilustración y decide si cada palabra corresponde a cada imagen. Si es incorrecta, escribe la palabra apropiada.

el camarero ❍

1. ______________

el vino tinto ❍

2. ______________

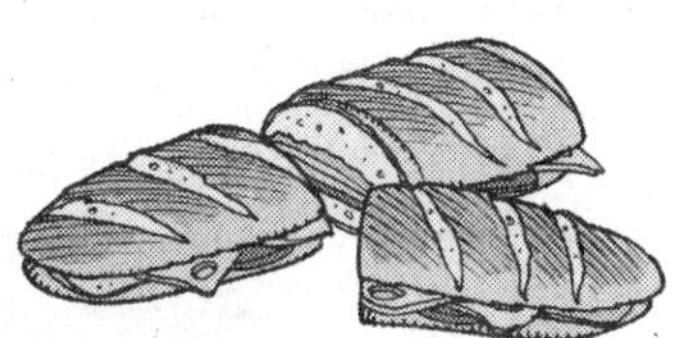

las uvas ❍

3. ______________

la leche ❍

4. ______________

el tomate ❍

5. ______________

la hamburguesa ❍

6. ______________

el cereal ❍

7. ______________

las zanahorias ❍

8. ______________

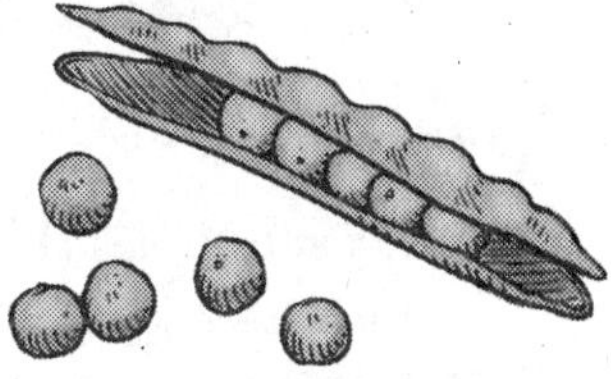

la langosta ❍

9. ______________

los sándwiches ❍

10. ______________

los champiñones ❍

11. ______________

las arvejas ❍

12. ______________

contextos

2 **El intercambio** Imaginen que viven en una ciudad donde no existe el dinero. Cuando alguien necesita comida o cualquier producto, solamente puede conseguirlo a través (*through*) de un intercambio (*exchange*). Su profesor(a) les entrega un cuadro con un menú y una lista de productos para intercambiar. Necesitas conseguir los productos para preparar tu menú; también tienes algunos productos para intercambiar por los que necesitas. Camina por la clase y habla con tus compañeros/as. Escribe el nombre de la persona con quien intercambias los productos. Recuerda usar el vocabulario de esta lección.

Modelo

Estudiante 1: Hola. Estoy buscando unos espárragos.
Estudiante 2: Ay, lo siento, no tengo espárragos.
Estudiante 3: Yo tengo unos espárragos. ¿Qué me puedes dar a cambio?
Estudiante 1: Tengo carne, jugo de uva, leche…
Estudiante 3: Leche, necesito leche.
Estudiante 1: Excelente. Entonces yo te doy la leche y tú me das los espárragos.

contextos

2 El intercambio

Time: 30 minutes

Resources: Barter charts

Instructions: Photocopy the barter charts and cut out as many as needed. Give each student a chart and tell them to imagine they live in a city where money doesn't exist and that the only way to get food is by bartering. Explain that the menus list the items that they need and the items they can exchange to get what they need. Students should walk around the room and talk to their classmates in order to find people they can exchange their product(s) with. Students should write the name of the person they barter with next to each item. Tell students to be prepared to share their menus with the class.

You can create your own exchange charts if you need to. You can also vary the activity by asking students to write their own menu and/or bring real ingredients to class.

contextos

2 Barter charts

Tu menú	Nombre	Productos para intercambiar	Nombre
sopa de cebolla		sándwich de jamón y queso	
ensalada de verduras		espárragos	
bistec		arroz	
jugo de naranja		jugo de banana	

Tu menú	Nombre	Productos para intercambiar	Nombre
queso		sopa de tomate	
pan		papas fritas	
huevos		tomate	
café con leche		chuleta de cerdo	

Tu menú	Nombre	Productos para intercambiar	Nombre
pollo asado con champiñones		leche	
ensalada de zanahoria y arvejas		salchicha	
té helado		maíz	
pimienta		lechuga	

Tu menú	Nombre	Productos para intercambiar	Nombre
sopa de verduras		salmón	
carne de res		agua mineral	
lechuga		yogur	
jugo de uva		pimienta	

Tu menú	Nombre	Productos para intercambiar	Nombre
hamburguesa		langosta	
refresco		pan	
papas fritas		mayonesa	
manzana		leche	

2 Barter charts

Tu menú	Nombre	Productos para intercambiar	Nombre
sándwich de jamón y queso		té helado	
leche		pollo asado con champiñones	
maíz		sopa de cebolla	
mayonesa		manzana	

Tu menú	Nombre	Productos para intercambiar	Nombre
langosta		bistec	
jugo de manzana		refresco	
espárragos		pan tostado	
tomate		huevos	

Tu menú	Nombre	Productos para intercambiar	Nombre
salmón		queso	
pan tostado		sopa de verduras	
sopa de tomate		ensalada de verduras	
jugo de banana		jugo de manzana	

Tu menú	Nombre	Productos para intercambiar	Nombre
chuleta de cerdo		jugo de naranja	
frijoles		cereal	
arroz		carne de res	
agua mineral		café con leche	

Tu menú	Nombre	Productos para intercambiar	Nombre
cereal		frijoles	
yogur		ensalada de zanahoria y arvejas	
salchicha		jugo de uva	
leche		hamburguesa	

contextos

2 Barter charts

Tu menú	Nombre	Productos para intercambiar	Nombre

Tu menú	Nombre	Productos para intercambiar	Nombre

Tu menú	Nombre	Productos para intercambiar	Nombre

Tu menú	Nombre	Productos para intercambiar	Nombre

Tu menú	Nombre	Productos para intercambiar	Nombre

Nombre ____________________ Fecha ____________________

estructura

8.1 Preterite of stem-changing verbs

1 **Identificar** Completa las oraciones con la forma correcta del pretérito de los verbos de la lista.

dormirse	seguir	servir
pedir	sentirse	vestirse

1. Nosotros les ____________ jugo de frutas y sopa a los camareros.

2. Viviana y Emilio ____________ con su mejor ropa para ir a la fiesta.

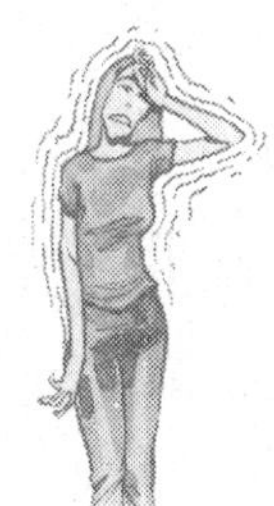

3. Ayer, Liliana ____________ muy mal por la mañana.

4. Mi mamá nos ____________ un pollo delicioso en el almuerzo.

5. Susana ____________ a las once de la noche.

6. Gloria ____________ las instrucciones de Marina para patinar sobre el hielo (*ice*).

estructura

8.2 Double object pronouns

1 **Un camarero responsable** Ernesto y su hermano trabajan en el mismo restaurante. Ernesto es ordenado y responsable, pero su hermano es muy fastidioso (*annoying*) y le hace preguntas sobre su trabajo todo el tiempo. Escribe las respuestas de Ernesto. Sigue el modelo.

Modelo

Ernesto, ¿por qué no me preparaste las hamburguesas? (tú)
Yo sí *te las preparé.*

1. Ernesto, ¿por qué no me llevé un pollo asado a mi casa anoche? (tú)
   Tú sí _______________
2. Ernesto, ¿por qué no le preparaste el bistec a la señora Soto?
   Yo sí _______________
3. Ernesto, ¿por qué no les recomendaste los entremeses a los señores Campos?
   Yo sí _______________
4. Ernesto, ¿por qué no te comiste las verduras? (tú)
   Yo sí _______________
5. Ernesto, ¿por qué Octavio y Mónica no me compraron las bebidas en el supermercado? (tú)
   Ellos sí _______________
6. Ernesto, ¿por qué no estás mostrándoles el menú a los clientes?
   Yo sí _______________
7. Ernesto, ¿por qué no les estás ofreciendo la sopa de tomate a los jóvenes?
   Yo sí _______________
8. Ernesto, ¿por qué Camilo y tú no se tomaron los cafés esta mañana?
   Nosotros sí _______________
9. Ernesto, ¿por qué no le serviste una ensalada a Claudia?
   Yo sí _______________
10. Ernesto, ¿por qué no te comiste el sándwich de atún?
    Yo sí _______________

Nombre ______________________ Fecha ______________________

estructura

8.2 Double object pronouns

2 Una amiga fastidiosa

A. Teresa y Berta son amigas y se encuentran (*meet each other*) en el parque. Completa el diálogo con los pronombres de objeto directo e indirecto correctos.

BERTA Hola, Teresa, ¿cómo estás?

TERESA Muy bien. Voy al restaurante a llevarle el uniforme a Ernesto.

BERTA ¿(1) ______________ vas a llevar?

TERESA Sí, (2) ______________ voy a llevar. Además, quiero hablar con su jefe; voy a venderle mi casa.

BERTA Ay no, amiga, ¿por qué no (3) ______________ vendes a mí?

TERESA Voy a pensarlo. Pero creo que tú no tienes dinero.

BERTA No, no tengo dinero. ¿Por qué tú no (4) ______________ prestas?

TERESA ¿Estás loca? ¡No voy a prestarte dinero para comprar mi casa!

BERTA Entonces, ¿por qué no (5) ______________ das?

TERESA Ay, Berta. Bueno, me voy. También tengo que ir a llevarle una carta a José.

BERTA ¿Por qué no me das la carta? Yo (6) ______________ llevo.

TERESA No, amiga, muchas gracias. Tengo que dársela yo.

BERTA No, no (7) ______________ lleves todavía. ¿Por qué no vemos qué dice la carta?

TERESA ¡Berta!

BERTA Qué antipática eres. Bueno, y tu casa, ¿sí (8) ______________ vas a vender?

TERESA ¡Nunca (9) ______________ voy a vender!

B. En parejas, representen el diálogo completo ante la clase.

estructura

8.3 Comparisons

1 **Comparaciones**

A. Elige la opción correcta para completar cada comparación.

1. Hoy no está haciendo ____________ calor como ayer.
   a. menos b. tanto
2. Nuestra familia es ____________ grande que la familia de nuestro amigo Tulio.
   a. tanta b. menos
3. El gato de David es ____________ bonito que el gato de Mariana.
   a. más b. tan
4. Tú papá es ____________ delgado que el papá de Nubia.
   a. más b. tantas
5. Yo no puedo comer ____________ frutas como tú.
   a. menos b. tantas
6. El pavo no es ____________ delicioso como el salmón.
   a. más b. tan
7. El examen de biología fue ____________ difícil que el examen de matemáticas.
   a. menos b. tan
8. Mi profesor de música es ____________ interesante que mi profesor de química.
   a. tanto b. más
9. Lina es ____________ trabajadora que su hermana Clara.
   a. menos b. tantas
10. Los restaurantes de El Salvador no son ____________ buenos como los restaurantes de México.
    a. tan b. más

B. Ahora completa las comparaciones con la información que prefieras. Compártela con la clase.

1. ____________ es más interesante que ____________.
2. ____________ es tan guapo/a como ____________.
3. ____________ es menos importante que ____________.
4. ____________ comen tanto como ____________.
5. ____________ sirve tantos platos como ____________.
6. ____________ es más grande que ____________.
7. ____________ es menos inteligente que ____________.
8. ____________ es tan alto como ____________.
9. ____________ habla tanto como ____________.
10. ____________ es más simpático/a que ____________.

Nombre ______________________ Fecha ______________________

estructura

8.3 Comparisons

2 **¿Cuál es mejor?** Mira las ilustraciones de la cafetería de una escuela y de un restaurante del centro. Escribe comparaciones de las dos ilustraciones.

Cafetería de la escuela

Restaurante *El Salmón*

1. ______________________
2. ______________________
3. ______________________
4. ______________________
5. ______________________
6. ______________________
7. ______________________
8. ______________________
9. ______________________
10. ______________________

Nombre ______________________ Fecha ______________________

estructura

8.4 Superlatives

1 Lorenzo, un chico vanidoso

A. Lorenzo es un chico muy vanidoso (*vain*) y siempre quiere ser el mejor en todo. Usa estos elementos para escribir las respuestas de Lorenzo a los comentarios de su hermana menor, Ángela. Sigue el modelo.

Modelo

Rosa está muy enamorada de ti. (chico / + / guapo / ciudad)
Eso es porque yo soy el chico más guapo de la ciudad.

Modelo

Raúl y su equipo perdieron su partido hoy. (peores / jugadores de vóleibol / mundo)
Eso es porque ellos son los peores jugadores de vóleibol del mundo.

1. Nuestro papá es muy guapo. (hombre / + / atlético / Colombia)
____
2. Tu amiga Rita canta muy mal. (cantante / - / talentosa (*talented*) / este país)
____
3. Con ese traje te ves muy elegante. (chico / + / alto y guapo / familia)
____
4. A nuestra mamá la conocen todos en la escuela. (mujer / + / importante / ciudad)
____
5. Nuestro primo Ramiro compró una casa hermosa. (hombre / + / rico / Ecuador)
____
6. Tu examen de matemáticas fue excelente. (mejor / estudiante / escuela)
____
7. Nuestros papás te permiten salir a bailar todos los fines de semana y a mí no. (hermano / mayor)
____
8. En tu trabajo todos te prefieren. (empleado / + / trabajador / museo)
____
9. Cuando caminas por el parque, todos te saludan. (persona / + / amable / parque)
____
10. A tus amigos les gusta mucho hablar conmigo (*with me*). (hermana menor / + / simpática / mundo)
____

B. Ahora, en parejas, imaginen que la novia de Lorenzo, Emilia, es su compañera de clase. Ella también es muy vanidosa. Escriban una conversación similar a la que tiene Lorenzo con su hermana.

Nombre ______________________ Fecha ______________________

comunicación

Estudiante 1

1 **Crucigrama** (student text p. 267) Tú y tu compañero/a tienen un crucigrama (*crossword puzzle*) incompleto. Tú tienes las palabras que necesita tu compañero/a y él/ella tiene las palabras que tú necesitas. Tienen que darse pistas (*clues*) para completarlo. No pueden decir la palabra; deben utilizar definiciones, ejemplos y frases.

modelo

6 vertical: Es un condimento que normalmente viene con la sal.
12 horizontal: Es una fruta amarilla.

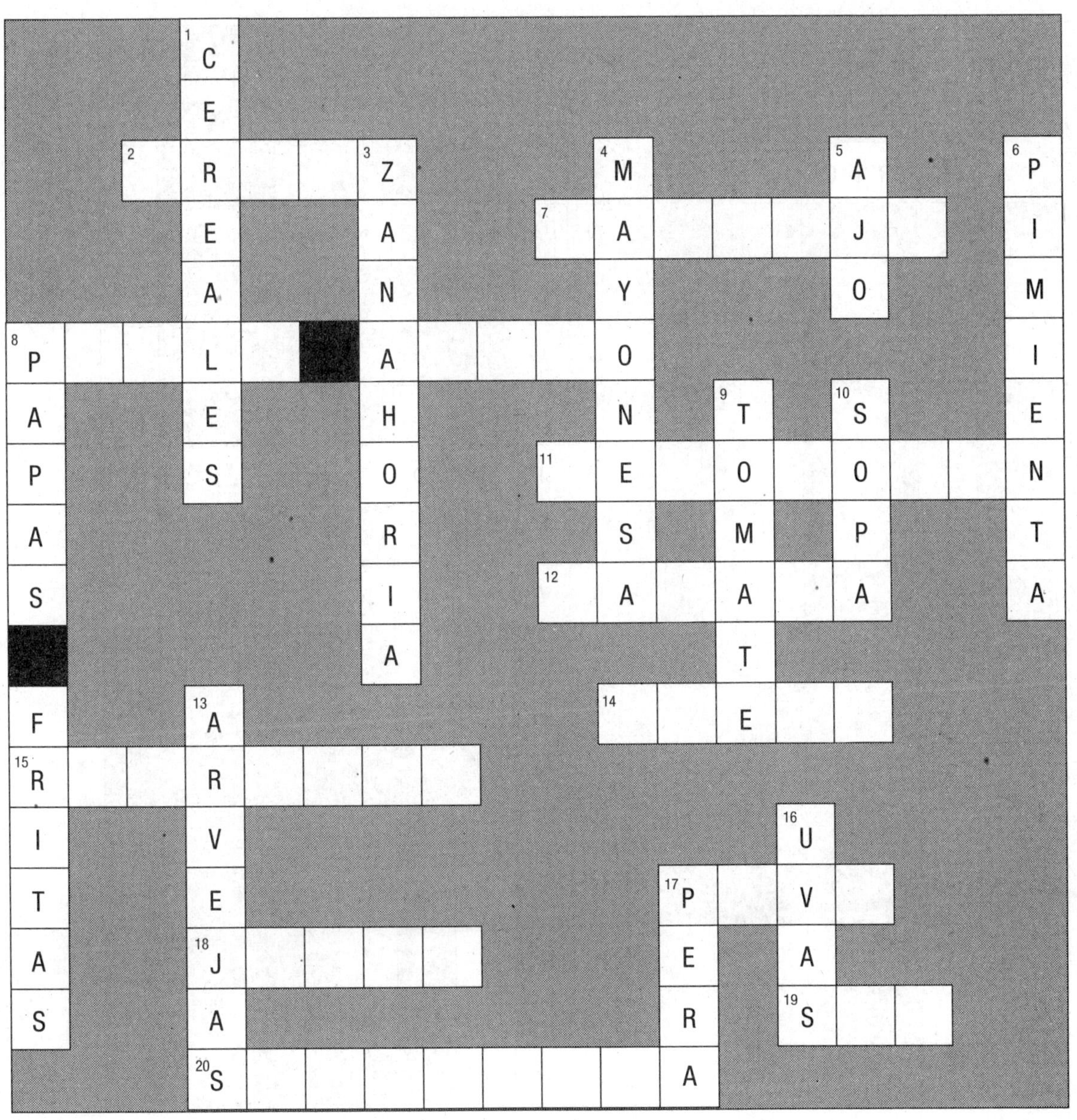

Nombre ______________________ Fecha ______________________

comunicación

Estudiante 2

1 **Crucigrama** (student text p. 267) Tú y tu compañero/a tienen un crucigrama (*crossword puzzle*) incompleto. Tú tienes las palabras que necesita tu compañero/a y él/ella tiene las palabras que tú necesitas. Tienen que darse pistas (*clues*) para completarlo. No pueden decir la palabra; deben utilizar definiciones, ejemplos y frases.

modelo

6 vertical: Es un condimento que normalmente viene con la sal.
12 horizontal: Es una fruta amarilla.

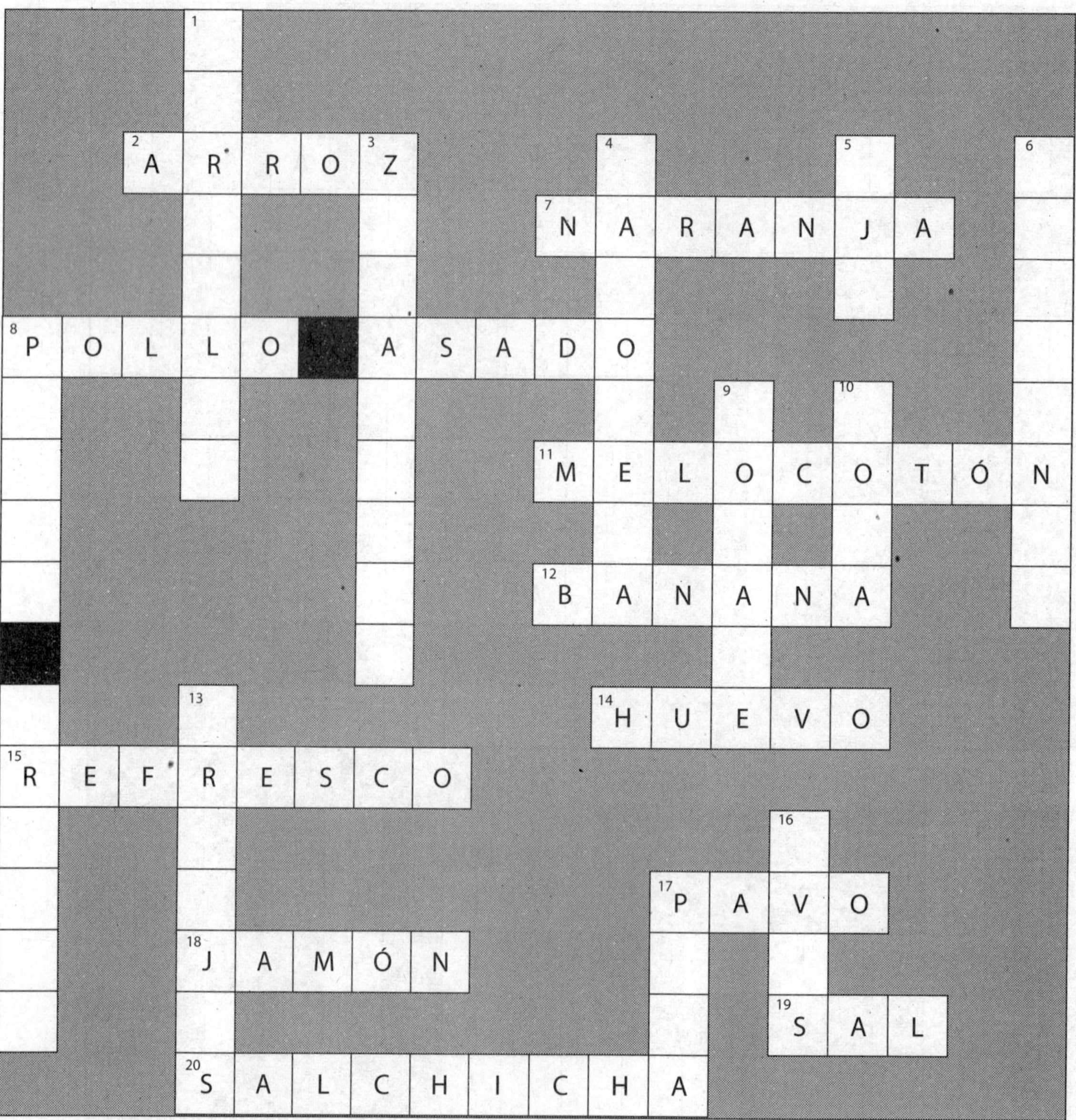

Nombre ______________________ Fecha ______________________

comunicación

Estudiante 1

2 **Regalos de Navidad** (student text p. 280) Tú y tu compañero/a tienen una parte de la lista de los regalos de Navidad (*Christmas gifts*) que Berta pidió y los regalos que sus parientes le compraron. Conversen para completar sus listas.

modelo

Estudiante 1: ¿Qué le pidió Berta a su mamá?
Estudiante 2: Le pidió una computadora. ¿Se la compró?
Estudiante 1: Sí, se la compró.

	Lo que Berta pidió	**Lo que sus parientes le compraron**
1.	a su mamá:	su mamá: una computadora
2.	a su papá: un estéreo	su papá:
3.	a su abuelita: una bicicleta	su abuelita:
4.	a su tío Samuel:	su tío Samuel: una mochila
5.	a su hermano Raúl:	su hermano Raúl: zapatos de tenis
6.	a su hermanastra: zapatos de tenis	su hermanastra:
7.	a sus tíos Juan y Rebeca: sandalias	sus tíos Juan y Rebeca:
8.	a su prima Nilda:	su prima Nilda: un sombrero

Nombre ______________________ Fecha ______________________

comunicación

Estudiante 2

2 **Regalos de Navidad** (student text p. 280) Tú y tu compañero/a tienen una parte de la lista de los regalos de Navidad (*Christmas gifts*) que Berta pidió y los regalos que sus parientes le compraron. Conversen para completar sus listas.

modelo

Estudiante 1: ¿Qué le pidió Berta a su mamá?
Estudiante 2: Le pidió una computadora. ¿Se la compró?
Estudiante 1: Sí, se la compró.

	Lo que Berta pidió	Lo que sus parientes le compraron
1.	a su mamá: una computadora	su mamá:
2.	a su papá:	su papá: una radio
3.	a su abuelita:	su abuelita: un suéter
4.	a su tío Samuel: una mochila	su tío Samuel:
5.	a su hermano Raúl: una blusa	su hermano Raúl:
6.	a su hermanastra:	su hermanastra: sandalias
7.	a sus tíos Juan y Rebeca:	sus tíos Juan y Rebeca: un libro
8.	a su prima Nilda: una camisa	su prima Nilda:

Nombre ______________________ Fecha ______________________

comunicación

Práctica

3 **Completar** (student text p. 287) Con la información en esta hoja, completa las oraciones en tu libro de texto acerca de (*about*) José, Ana y sus familias con palabras de la lista.

NOMBRE: José Valenzuela Carranza

NACIONALIDAD: venezolano

CARACTERÍSTICAS: 5'6", 22 años, moreno y muy, muy guapo

PROFESIÓN: periodismo; premio (*award*) Mejor Periodista de la Ciudad

FAMILIA: Abuelo (98 años), abuela (89 años), mamá, papá, 7 hermanas y hermanos mayores y más altos

GUSTOS: trabajar muchísimo en su profesión y leer literatura
ir a muchas fiestas, bailar y cantar
viajar por todo el mundo
jugar al baloncesto con sus hermanos (pero juega demasiado mal)
estar con Fifí, una perra (*dog f.*) refinadísima, pero muy antipática

NOMBRE: Ana Orozco Hoffman

NACIONALIDAD: mexicana

CARACTERÍSTICAS: 5'9", 28 años, morena de ojos azules

PROFESIÓN: medicina

FAMILIA: Mamá, papá, madrastra, dos medios hermanos, Jorge de 11 años y Mauricio de 9

GUSTOS: viajar
jugar al baloncesto (#*1* del estado), nadar, bucear y esquiar
hablar alemán
jugar juegos (*games*) electrónicos con sus hermanitos
(No juega mal. Jorge es excelente.)

comunicación

4 **Para ti, ¿cuál es...?** Convierte las oraciones de la primera columna en preguntas, agrega dos preguntas al final de esa misma columna. Camina por el salón de clase, encuesta a tus compañeros/as y escribe sus nombres y sus respuestas en la columna correcta. Sigue el modelo. Al final, comparte los resultados con la clase.

Modelo

un queso sabroso

Estudiante 1: *Para ti, ¿cuál es el queso más sabroso?*

Estudiante 2: *Para mí, el queso más sabroso es el queso Cheez Whiz.*

Estudiante 1: *¿En serio? Puaf (Yuck), Cheez Whiz es el queso más asqueroso (disgusting) del mundo.*

Categorías	Nombre	Respuesta
un queso sabroso	Elena	el queso Cheez Whiz
1. una comida deliciosa		
2. la peor verdura		
3. la mejor bebida		
4. una carne sabrosa		
5. un pescado rico		
6. un buen restaurante		
7. un camarero malo		
8. un menú completo		
9. un almuerzo grande		
10. una comida importante		
11. ¿?		
12. ¿?		

Nombre ______________________ Fecha ______________________

comunicación

5 **Un nuevo restaurante** En parejas, imaginen que van a abrir un nuevo restaurante. Primero, lean las listas de ingredientes y escojan una de ellas o escriban una propia. Luego, creen un Menú del Día, en éste debe haber al menos dos platos y una bebida; deben decidir cuál va a ser la especialidad de su restaurante. Recuerden escoger un buen nombre para el restaurante y para los platos. En su presentación, deben incluir el vocabulario y la gramática de esta lección. Escojan una pareja al azar (*at random*) para que actúen como los clientes y presenten su restaurante y su especialidad a sus compañeros/as de clase. ¡Sean creativos/as!

Modelo

Camarero 1: Bienvenidos al nuevo restaurante El Entremés.
Cliente 1: Muchas gracias, ¿qué nos recomiendan?
Camarero 2: Les recomendamos la especialidad de la casa, el yogur de melocotón con arvejas.
Cliente 2: ¿Yogur con arvejas? ¿A qué sabe esa comida?
Camarero 1: Sabe a sopa con azúcar. ¡Es muy deliciosa!

la banana el limón la manzana el melocotón la naranja la pera la uva	la cebolla el champiñón la ensalada los espárragos los frijoles las papas la zanahoria
el atún los camarones la chuleta (de cerdo) el jamón los mariscos la salchicha el salmón	el ajo el azúcar el huevo la pimienta el queso la sopa el vinagre
el café el jugo de naranja el jugo de manzana la leche el refresco el té (helado) el jugo de uvas	(*crea tu propia lista*)

Nombre ______________________ Fecha ______________________

comunicación

6  **Un camarero grosero** En grupos, su profesor(a) les entrega una tarjeta con un escenario. Escojan sus roles y preparen una escena de cinco minutos; sigan las instrucciones de la tarjeta. Recuerden incluir el vocabulario y la gramática de esta lección. Presenten la conversación a la clase. ¡Sean creativos/as!

Modelo

Cliente 1: *Buenos días.*
Camarero: *¿Qué tal? ¿Qué quieren?*
Cliente 2: *Buenos días. Hicimos una reservación ayer. Mi nombre es Darío Fernández.*
Camarero: *¿Fernández? Lo siento, señor. No lo encuentro.*
Cliente 1: *¿Y no puede darnos alguna mesa? Hay muchas mesas.*
Camarero: *No, no puedo.*
Cliente 2: *Pero, señor, tenemos reservación.*
Camarero: *No me importa. ¿Por qué no van al restaurante de enfrente? Aquí no hay mesas.*
Cliente 1: *¡Pero hay muchísimas mesas! ¿Cuál es su problema?*
Cliente 2: *¡Usted es el peor camarero de la ciudad!*

comunicación

6 **Un camarero grosero**

Time: 30 minutes

Resources: Role-play cards

Instructions: Photocopy the role-play cards and cut out as many as needed. Have students form groups of three. Then, hand each group one of the situations; students should each choose a role and then together prepare a five-minute skit using the vocabulary and grammar from the lesson. Make sure all students participate. At the end, poll the class to vote on which skit was the most creative, fun, interesting, etc.

Give groups of three 15 minutes to prepare and five to seven minutes to present. If you cannot divide the class into groups of 3, or if you want the skits to be shorter, you can create smaller groups by cutting one of the "secondary" characters from each set of cards.

You can vary the activity by asking students to come dressed as their characters and prepare their own TV set. Students can also film their conversations and share them with the class.

6 Role-play cards

Tú eres un(a) camarero/a del restaurante *Delicias*. Eres muy antipático/a y las personas que acaban de llegar al restaurante no te gustan. Les dices que no encuentras su reservación y tampoco les quieres dar ninguna de las mesas disponibles (*available*).	
Esta noche vas al restaurante *Delicias* a cenar con un(a) amigo/a. Ustedes hicieron una reservación, pero el/la camarero/a les dice que no la encuentra. Tú estas muy enojado/a y comienzas a gritarle (*shout*) al/a la camarero/a.	Esta noche vas al restaurante *Delicias* a cenar con un(a) amigo/a. Ustedes hicieron una reservación, pero el/la camarero/a les dice que no la encuentra. Tú eres una persona amable y quieres hablar con el/la camarero/a, pero tu amigo/a no te lo permite (*won't allow you*).

Tú eres un(a) camarero/a del restaurante *Delicias*. Eres muy simpático/a y alegre, y te enamoras con mucha facilidad (*easily*). Unas personas acaban de llegar al restaurante y uno/a de los/las chicos/as es tan hermoso/a que no puedes dejar de mirarlo/la. Sus amigos/as se dan cuenta, pero no se preocupan, sólo quieren pedir su almuerzo. Tú solamente quieres decirle al/a la chico/a que es el hombre/la mujer más hermoso/a del mundo.	
Esta noche vas al restaurante *Delicias* a almorzar con unos/as amigos/as. Cuando ustedes llegan al restaurante te das cuenta de que el/la camarero/a es muy guapo/a. Tú sólo quieres hablar con el/la camarero/a y saber cómo se llama, pero tus amigos/as insisten en preguntarte qué quieres pedir.	Esta noche vas al restaurante *Delicias* a almorzar con unos/as amigos/as. El/La camarero/a está mirando mucho a uno/a de tus amigos/as, pero no te importa porque tienes mucha hambre e insistes en pedir tu almuerzo y en preguntarle a tu amigo/a qué quiere pedir.

Tú eres un(a) camarero/a del restaurante *Delicias*. Eres muy ordenado/a y trabajador(a) y te gusta que los/las clientes/as coman mucho. Acaban de llegar dos clientes/as que quieren solamente un jugo de frutas, pero tú insistes en ofrecerles diferentes platos.	
Hace mucho calor y tu amigo/a y tú entran al restaurante *Delicias* para tomar un jugo. El/La camarero/a insiste en ofrecerles diferentes platos, pero tú solamente quieres pedir un jugo de naranja y no quieres permitirle a tu amigo/a pedir algún plato, porque no tienen mucho dinero.	Hace mucho calor y tu amigo/a y tú entran al restaurante *Delicias* para tomar un jugo. El/La camarero/a insiste en ofrecerles diferentes platos y tú estás empezando a pensar que quieres algo más que un jugo, pero debes convencer (*convince*) a tu amigo/a.

comunicación

6 Role-play cards

Tú eres un(a) camarero/a del restaurante *Delicias*. Hoy estás muy aburrido/a y te sientes cansado/a. Acaban de llegar dos clientes/as y te piden unos platos. Cuando los traes, de repente, cambian de opinión (*change their mind*) y te piden otros diferentes y, luego, otra vez. Tú pierdes la paciencia y los/las echas (*take them out*) del restaurante.	
Tú y tu papá/mamá llegan a cenar al restaurante *Delicias*. Piden un plato, pero cuando llega, no se ve delicioso y tú decides pedir algo diferente. El próximo plato tampoco se ve delicioso y decides pedir otro. Comienzas a decirle al/a la camarero/a que él/ella es el/la peor camarero/a del mundo y que la comida de su restaurante es horrible.	Tú y tu hijo/a llegan a cenar al restaurante *Delicias*. Piden un plato, pero cuando llega, tu hijo/a piensa que no se ve delicioso y decide pedir algo diferente. El próximo plato tampoco le gusta y pide otro. Tú pierdes la paciencia con tu hijo/a porque tienes mucha hambre y te das cuenta (*realize*) de que el/la camarero/a está muy enojado/a.

Nombre ______________________ Fecha ______________________

recapitulación

¡A repasar!

1 **Ordenar** Ordena las palabras de la lista en las categorías correctas.

el café	la cerveza	los frijoles	el melocotón	la uva
la cebolla	los espárragos	la manzana	el refresco	

	las verduras	las frutas	las bebidas
1.	______	______	______
2.	______	______	______
3.	______	______	______

2 **Definiciones** Escribe la palabra que corresponde a cada definición. Recuerda incluir **el**, **la**, **los** o **las**.

1. ______________ es la persona que les recomienda y les sirve los platos a los clientes en un restaurante.
2. ______________ son unos alimentos pequeños que se comen antes del plato principal.
3. ______________ es un plato que consiste en dos panes redondos, con queso y carne en su interior.
4. ______________ es un líquido que no tiene ni sabor ni olor y lo tomas cuando tienes sed.

3 **¿Qué comida?** Elige la opción que completa correctamente cada oración.

1. El camarero nos recomendó la sopa de ______________.
   a. sándwich b. mayonesa c. arvejas
2. Nosotros comimos ______________ en el almuerzo.
   a. margarina y leche b. un sándwich y un refresco c. pimienta y agua
3. El ______________ sabe a pescado.
   a. pollo b. bistec c. salmón
4. Ellas pidieron ______________ en el desayuno.
   a. cebolla con mantequilla b. cereales con leche c. lechuga con aceite

4 **Mi hermano es buenísimo** Completa el párrafo con las palabras de la lista.

guapísimo mayor mejor menor muchísimo peor

Yo tengo el (1) __________ hermano del mundo, Pablo. Yo tengo 14 años, soy la (2) __________ de la familia; él tiene 19, es el hermano (3) __________. Él es (4) __________ y muy inteligente, pero es el (5) __________ cocinero del mundo. Ayer comí algo que él cocinó y me sentí mal. Él se preocupó y llamó al doctor. Después de dos horas, me sentí (6) __________ mejor. Ay, ¡amo a mi hermano!

5 **Completar** Completa las oraciones con el pretérito de los verbos en paréntesis.

1. En el restaurante, Lina ________________ (pedir) un delicioso pollo asado.
2. Luis y Gabriela ________________ (salir) a bailar el sábado pasado.
3. El camarero nos ________________ (servir) el plato equivocado.
4. Diana y Cristina ________________ (sentirse) mal después del almuerzo.

6 **Reescribir** Reescribe cada oración. Usa los pronombres de objeto directo e indirecto correctos. Sigue el modelo.

Modelo

El camarero les sirvió los jugos.
El camarero se los sirvió.

1. Mauricio va a llevarle el diccionario a su hija a la escuela.
____
2. Los señores Londoño les sirven un desayuno muy sabroso a sus invitados.
____
3. Octavio y yo te trajimos los zapatos.
____
4. Tú me escribiste un correo electrónico la semana pasada.
____

7 **Comparaciones** Escribe las comparaciones correctas para cada caso. Sigue el modelo.

Modelo

Los entremeses son pequeños. (+ / plato principal)
Los entremeses son más pequeños que el plato principal.

1. El pavo es muy delicioso. (+ / pollo)
____
2. Tú hermana es elegante. (- / Sandra)
____
3. Esa falda rosada es barata. (+ / blusa verde)
____
4. Anoche, nosotros nos dormimos temprano. (+ / nuestros primos)
____

8 **¡A practicar!** En grupos de cuatro personas, preparen un programa de televisión dedicado a la comida, donde presentan una receta. Incluyan:

- el vocabulario (las comidas, las frutas, las verduras, la carne y el pescado, otras comidas, las bebidas, etc.)
- el pretérito de los verbos irregulares
- los pronombres de objeto directo e indirecto
- los comparativos
- los superlativos

Presenten su programa a la clase. Pueden traer comida de verdad a la clase, preparar la receta y compartirla con sus compañeros/as. ¡Sean creativos/as!

contextos

1 1. correcto 2. incorrecto; la leche 3. incorrecto; los sándwiches 4. incorrecto; los champiñones 5. correcto 6. incorrecto; el vino tinto 7. incorrecto; las uvas 8. incorrecto; la langosta 9. incorrecto; las arvejas 10. incorrecto; el cereal 11. incorrecto; la hamburguesa 12. incorrecto; las zanahorias

2 Answers will vary.

estructura

8.1 Preterite of stem-changing verbs

1 1. pedimos 2. se vistieron 3. se sintió 4. sirvió 5. se durmió 6. siguió

8.2 Double object pronouns

1 1. Tú sí te lo llevaste. 2. Yo sí se lo preparé. 3. Yo sí se los recomendé. 4. Yo sí me las comí. 5. Ellos sí te las compraron. 6. Yo sí se lo estoy mostrando / estoy mostrándoselo. 7. Yo sí se la estoy ofreciendo / estoy ofreciéndosela. 8. Nosotros sí nos los tomamos. 9. Yo sí se la serví. 10. Yo sí me lo comí.

2 A. 1. Se lo 2. se lo 3. me la 4. me lo 5. me lo/la 6. se la 7. se la 8. me la 9. te la **B.** Answers will vary.

8.3 Comparisons

1 A. 1. b 2. b 3. a 4. a 5. b 6. b 7. a 8. b 9. a 10. a **B.** Answers will vary

2 Answers will vary.

8.4 Superlatives

1 1. Eso es porque nuestro papá es el hombre más atlético de Colombia. 2. Eso es porque ella es la cantante menos talentosa de este país. 3. Eso es porque yo soy el chico más alto y guapo de la familia. 4. Eso es porque nuestra mamá es la mujer más importante de la ciudad. 5. Eso es porque Ramiro es el hombre más rico de Ecuador. 6. Eso es porque yo soy el mejor estudiante de la escuela. 7. Eso es porque yo soy el hermano mayor. 8. Eso es porque yo soy el empleado más trabajador del museo. 9. Eso es porque yo soy la persona más amable del parque. 10. Eso es porque tú eres la hermana menor más simpática del mundo. **B.** Answers will vary.

comunicación

1 Answers will vary.

2 Answers will vary.

3 Answers will vary.

4 Answers will vary.

5 Answers will vary.

6 Answers will vary.

recapitulación

1 **las verduras:** 1. la cebolla 2. los espárragos 3. los frijoles **las frutas:** 1. la manzana 2. el melocotón 3. la uva **las bebidas:** 1. el café 2. la cerveza 3. el refresco

2 1. el camarero 2. los entremeses 3. la hamburguesa 4. el agua (mineral)

3 1. c 2. b 3. c 4. b

4 1. mejor 2. menor 3. mayor 4. guapísimo 5. peor 6. muchísimo

5 1. pidió 2. salieron 3. sirvió 4. se sintieron

6 1. Mauricio se lo va a llevar. 2. Los señores Londoño se lo sirven. 3. Octavio y yo te los trajimos. 4. Tú me lo escribiste la semana pasada.

7 1. El pavo es más delicioso que el pollo. 2. Tu hermana es menos elegante que Sandra. 3. Esa falda rosada es más barata que la blusa verde. 4. Anoche, nosotros nos dormimos más temprano que nuestros primos.

8 Answers will vary.

Nombre ______________________ Fecha ______________________

contextos

Lección 9

1 **Crucigrama** Resuelve el crucigrama.

Horizontales

2. una preparación muy fría y compacta a base de leche y azúcar
6. etapa de la vida donde una persona ya no es un niño pero tampoco es un joven
7. sensación de estar contento/a
9. el nombre de la relación que tienen dos o más personas que son amigas
10. conjunto de sentimientos bonitos que unen a una persona con su pareja

Verticales

1. un hombre que no está casado
3. postre suave (*soft*) hecho (*made*) con huevos, leche y azúcar
4. dos personas que tienen una relación sentimental
5. reunión (*gathering*) de personas para celebrar algo, como un cumpleaños, por ejemplo
8. ceremonia en la que una pareja se casa

Nombre ______ Fecha ______

contextos

2

Una fiesta En parejas, escojan una lista de palabras. Preparen una conversación divertida de dos o tres minutos donde usen las palabras de esa lista.

Modelo

Estudiante 1: *Hola, amiga, ¿cómo estuvo tu cumpleaños?*
Estudiante 2: *Pues, muy mal. Mi hermana olvidó comprar el pastel de chocolate.*
Estudiante 1: *Y, entonces, ¿qué hicieron?*
Estudiante 2: *Nada. Celebramos mi cumpleaños tomando sopa de tomate.*
Estudiante 1: *¿Sopa de tomate?*
Estudiante 2: *Sí. Lo pasamos realmente mal. Lo peor fue cuando Natalia se fue a comprar un pastel y llegó dos horas más tarde, ¡con una galleta!*
Estudiante 1: *¿Qué? Y ¿por qué?*
Estudiante 2: *Porque el centro comercial cierra a las 10 de la noche y ella llegó a las 10:30. No nos quedó más que compartir la galleta, ¡entre 20 personas!*
Estudiante 1: *¡Ja, qué divertido!*

el aniversario de bodas el flan de caramelo el matrimonio la madurez pasarlo bien romper con	el cumpleaños la galleta la pareja la adolescencia pasarlo mal separarse
la Navidad el helado la amistad la vejez celebrar comprometerse con	la boda el pastel de chocolate el amor la juventud divertirse tener una cita

Nombre ____________________ Fecha ____________________

estructura

9.1 Irregular preterites

1 **Identificar** Mira cada imagen y completa las oraciones con la forma correcta del pretérito de los verbos del cuadro.

conducir	decir	haber	poder	querer	traer
dar	estar	hacer	poner	tener	venir

1. Ayer, Daniel no ____________ tiempo para limpiar su casa.

2. Todos los parientes de Marcos ____________ a su fiesta de cumpleaños.

3. El agente les ____________ el precio de los pasajes a Natalia y a Andrés.

4. Raúl no ____________ compartir su pastel de cumpleaños con nosotros.

5. Yo ____________ la mochila sobre la mesa.

6. Lina ____________ muy enferma la semana pasada.

7. Mauricio no ____________ salir a caminar ayer porque nevó mucho.

8. Mis papás ____________ las maletas para el viaje esta mañana.

9. Manuel y yo le ____________ un regalo a nuestro sobrino David.

10. María ____________ muchas horas para llegar temprano a la casa de sus padres.

11. Luis le ____________ una rosa a Reina.

12. El sábado pasado ____________ una gran boda en la casa de Manuela.

Nombre ______________________ Fecha ______________________

estructura

9.2 Verbs that change meaning in the preterite

1 **Julián, un chico sin suerte**

A. Julián es un chico sin suerte (*luck*) y casi todo lo que hace le sale mal. Une las frases de la columna A con las frases de la columna B, para formar oraciones lógicas.

A		B
1. Julián le compró un regalo a su amigo Carlos para su cumpleaños...	_____	a. pero anoche sus padres supieron la verdad.
2. Lilia invitó a Julián a correr al parque...	_____	b. pero ella no quiso salir con él.
3. Julián y su mejor amigo, David, fueron al cine...	_____	c. pero llegó tarde a la fiesta y no pudo entregárselo.
4. Sus sobrinos vinieron de visita y le pidieron arroz con pollo...	_____	d. pero el dueño no quiso dárselo.
5. Julián les pidió ayuda a sus papás para hacer su tarea de español...	_____	e. pero él no pudo correr ni un kilómetro.
6. Julián quiso nadar ayer...	_____	f. pero Julián no supo cómo prepararlo.
7. En su viaje a Puerto Rico, Julián conoció a una chica muy bonita...	_____	g. pero no pudieron entrar a ver la película porque olvidaron llevar dinero para las entradas (*tickets*).
8. Julián invitó a Eugenia a caminar en el parque...	_____	h. pero no pudo porque la piscina estaba (*was*) fuera de servicio (*out of order*).
9. Julián pidió trabajo en el restaurante...	_____	i. pero ella no pudo ir porque se rompió una pierna.
10. Julián les dijo a sus padres que aprobó el examen de matemáticas...	_____	j. pero ellos no pudieron ayudarle porque solamente saben francés.

B. Ahora, escribe tres oraciones similares a las de la actividad A y divide cada una en dos frases. Reta a (*Challenge*) un(a) compañero/a a completar las oraciones.

A		B
1. ______________________	_____	a. ______________________
2. ______________________	_____	b. ______________________
3. ______________________	_____	c. ______________________

Nombre ______________________ Fecha ______________________

estructura

9.2 Verbs that change meaning in the preterite

2 La disculpa

A. Marieta no pudo ir a la fiesta de cumpleaños de su amiga Bárbara. Completa el mensaje electrónico que le envía para pedirle disculpas y la respuesta de su amiga. Usa el pretérito de los verbos del cuadro.

conocer **poder** **querer** **saber**

Para: Bárbara	De: Marieta	Asunto: Lo siento

Hola, amiga:

Ay, amiga, no (1)____________ ir a tu fiesta ayer porque salí con mi novio. ¡Sí, ya tengo novio! Lo (2)____________ en una fiesta. La semana pasada nos vimos por primera vez. ¡Ay, no te imaginas! Cuando lo vi, (3)____________ que es el hombre de mi vida (*life*). Es alto, guapo e inteligente. (4)____________ llamarte anoche, pero no (5)____________ porque me quedé dormida... ¿Me perdonas?

Marieta

Para: Marieta	De: Bárbara	Asunto: Re: Lo siento

Hola, Mari:

No te preocupes, no estoy enojada contigo (*with you*) por no venir a mi fiesta. Yo tampoco (6)____________ llamarte porque mis padres llegaron desde Puerto Rico y no tuve tiempo. Además, mis hermanos y yo (7)____________ que saliste con ese chico, porque él es amigo de mis primos Ángel y León. Ellos lo (8)____________ en su clase de economía el semestre pasado. Por cierto (*By the way*), Ángel (9)____________ hablarte ayer cuando te vio en la escuela para decirte que tu novio también es novio de otra chica, pero tú no le (10)____________ contestar el saludo.

Bárbara

B. Ahora, es tu turno de escribirle a Bárbara un mensaje electrónico donde te excusas por no ir a su fiesta. ¡Sé (*Be*) creativo/a! Comparte tu mensaje con la clase.

estructura

9.3 ¿Qué? and ¿cuál?

1 Fabio, un chico tímido

A. Lina conoció a Fabio en una fiesta. Él es muy tímido (*shy*), pero interesante, y Lina tuvo que hacerle muchas preguntas para poder saber más de él. Lee las respuestas de Fabio y escribe las preguntas que le hizo Lina. Recuerda usar las palabras interrogativas **qué** y **cuál**.

1. —¿_______________?

   —Prefiero el jugo de naranja.
2. —¿_______________?

   —El flan es un postre.
3. —¿_______________?

   —El anaranjado es mi color favorito.
4. —¿_______________?

   —Hoy es viernes.
5. —¿_______________?

   —La capital de Perú es Lima.
6. —¿_______________?

   —Quiero tomar café con leche.
7. —¿_______________?

   —Mi cumpleaños es el 2 de septiembre.
8. —¿_______________?

   —Los fines de semana me gusta caminar y ver películas.
9. —¿_______________?

   —Mi número de teléfono es 665-3588.
10. —¿_______________?

    —Este semestre tomo biología, química y física.

B. Ahora, escribe tres respuestas similares a las de la actividad A. Reta a (*Challenge*) un(a) compañero/a a escribir las preguntas.

1. —¿_______________?

   —_______________
2. —¿_______________?

   —_______________
3. —¿_______________?

   —_______________

Nombre ______________________ Fecha ______________________

estructura

9.3 ¿Qué? and ¿cuál?

2 **Muchas preguntas**

A. Completa los diálogos con las palabras de la lista. Puedes usarlas más de una vez. Haz los cambios que sean necesarios.

cómo	cuándo	de dónde
cuál	cuántas	dónde
cuáles	cuánto	qué

—Hola, ¿(1) ____________ estás?

—Bien. ¿(2) ____________ hay para beber?

—Té helado o jugo de uva, ¿(3) ____________ prefieres?

—Jugo de uva. ¿(4) ____________ está mi hermana?

—Está en la universidad. Tiene un examen de historia hoy. Y tú, ¿(5) ____________ vienes?

—Vengo de la casa de mi novia.

—¿¡Ah!? ¿Desde (6) ____________ tienes novia?

—Desde ayer. La conocí en una fiesta. Se llama Adriana.

—¿Adriana? Tiene nombre de tonta.

—¡Ella no es tonta! ¿(7) ____________ es tu problema?

—No tengo ningún problema, es sólo que no entiendo para (8) ____________ quieres tener una novia.

—¿(9) ____________ cuestan estas camisetas?

—Cuestan doce dólares cada una.

—¡Doce dólares! ¿(10) ____________ las traen? ¿De la luna?

—Son de muy buena calidad.

—Si, yo entiendo, pero doce dólares es mucho dinero.

—¿(11) ____________ va a llevar?

—Diez.

—¿(12) ____________ quiere? ¿Las verdes o las amarillas?

—Las verdes.

B. Ahora, en parejas, escojan uno de los diálogos y represéntenlo ante la clase.

estructura

9.4 Pronouns after prepositions

1 Completar

A. Completa cada oración con la preposición o el pronombre preposicional que corresponda a la persona en paréntesis. Sigue el modelo.

Modelo

Mariela vive en mi casa. (nosotros)
Mariela vive en mi casa **con nosotros.**

1. Blanca siempre lleva un dulce. (ella)
   ____
2. Estas galletas las trajeron ellos. (yo)
   ____
3. ¿Bernardo estudia en una escuela de Buenos Aires? (tú)
   ____
4. ¿Vas a ir a la fiesta sorpresa que Mariela organizó? (Horacio)
   ____
5. Ulises trabaja en la oficina del centro. (nosotros)
   ____
6. Ese flan de caramelo es un regalo delicioso. (mi tía Lucía)
   ____
7. Úrsula siempre lleva las llaves de su casa. (ella)
   ____
8. Ésta es una carta de mi madre. (Dora)
   ____
9. María está aquí. (yo)
   ____
10. Este pastel lo hizo Clara. (tú)
    ____

B. Ahora, escribe tres oraciones similares a las de la actividad A. Reta a (*Challenge*) un(a) compañero/a a completar las oraciones.

1. ____________________ ____________________
   ____
2. ____________________ ____________________
   ____
3. ____________________ ____________________
   ____

Nombre ______________________ Fecha ______________________

comunicación

1 **Encuesta** (student text p. 303) Haz las preguntas de la hoja a dos o tres compañeros/as de clase para saber qué actitudes tienen en sus relaciones personales. Luego comparte los resultados de la encuesta (*survey*) con la clase y comenta tus conclusiones.

Preguntas	Nombres	Actitudes
1. ¿Te importa la amistad? ¿Por qué?		
2. ¿Es mejor tener un(a) buen(a) amigo/a o muchos/as amigos/as?		
3. ¿Cuáles son las características que buscas en tus amigos/as?		
4. ¿A qué edad es posible enamorarse?		
5. ¿Deben las parejas hacer todo juntos? ¿Deben tener las mismas opiniones? ¿Por qué?		

Nombre ______________________ Fecha ______________________

comunicación

2 **Encuesta** (student text p. 313) Para cada una de las actividades de la lista, encuentra a alguien que hizo esa actividad en el tiempo indicado.

modelo

traer dulces a clase
Estudiante 1: ¿Trajiste dulces a clase?
Estudiante 2: Sí, traje galletas y helado a la fiesta del fin del semestre.

Actividades	Nombres	Nombres
1. ponerse un disfraz (*costume*) de Halloween		
2. traer dulces a clase		
3. llegar a la escuela en auto		
4. estar en la biblioteca ayer		
5. dar un regalo a alguien ayer		
6. poder levantarse temprano esta mañana		
7. hacer un viaje a un país hispano en el verano		
8. ver una película anoche		
9. ir a una fiesta el fin de semana pasado		
10. tener que estudiar el sábado pasado		

Nombre ______________________ Fecha ______________________

comunicación

Estudiante 1

3 **Quinceañera** (student text p. 317) Trabaja con un(a) compañero/a. Tu compañero/a es el/la director(a) del salón de fiestas "Renacimiento". Tú eres el padre/la madre de Sandra, y quieres hacer la fiesta de quince años de tu hija gastando menos de $25 por invitado/a. Aquí tienes la mitad (*half*) de la información necesaria para confirmar la reservación; tu compañero/a tiene la otra mitad.

modelo

Estudiante 1: ¿Cuánto cuestan los entremeses?
Estudiante 2: Depende. Puede escoger champiñones por 50 centavos o camarones por dos dólares.
Estudiante 1: ¡Uf! A mi hija le gustan los camarones, pero son muy caros.
Estudiante 2: Bueno, también puede escoger quesos por un dólar por invitado.

Número de invitados: 200
Comidas: queremos una variedad de comida para los vegetarianos y los no vegetarianos
Presupuesto (budget): máximo $25 por invitado
Otras preferencias: ¿posible traer mariachis?

	Opción 1	Opción 2
Entremeses		
Primer plato (*opcional*)		
Segundo plato (*opcional*)		
Carnes y pescados		
Verduras		
Postres		
Bebidas		
Total $		

Nombre ______________________ Fecha ______________________

comunicación

Estudiante 2

3 **Quinceañera** (student text p. 317) Trabaja con un(a) compañero/a. Tú eres el/la director(a) del salón de fiestas "Renacimiento". Tu compañero/a es el padre/la madre de Sandra, quien quiere hacer la fiesta de quince años de su hija gastando menos de $25 por invitado/a. Aquí tienes la mitad (*half*) de la información necesaria para confirmar la reservación; tu compañero/a tiene la otra mitad.

modelo

Estudiante 1: *¿Cuánto cuestan los entremeses?*
Estudiante 2: *Depende. Puede escoger champiñones por 50 centavos o camarones por dos dólares.*
Estudiante 1: *¡Uf! A mi hija le gustan los camarones, pero son muy caros.*
Estudiante 2: *Bueno, también puede escoger quesos por un dólar por invitado.*

Salón de fiestas "Renacimiento"

Número de invitados: ______________

Otras preferencias: ______________

Presupuesto: $ ______________ **por invitado**

Menú

Entremeses	Champiñones: $0,50 por invitado	Camarones: $2 por invitado	Quesos: $1 por invitado	Verduras frescas: $0,50 por invitado
Primer plato	Sopa de cebolla: $1 por invitado	Sopa del día: $1 por invitado	Sopa de verduras: $1 por invitado	
Segundo plato	Ensalada mixta: $2 por invitado	Ensalada César: $3 por invitado		
Carnes y pescados	Bistec: $10 por invitado	Langosta: $15 por invitado	Pollo asado: $7 por invitado	Salmón: $12 por invitado
Verduras	Maíz, arvejas: $1 por invitado	Papa asada, papas fritas: $1 por invitado	Arroz: $0,50 por invitado	Zanahorias, espárragos: $1,50 por invitado
Postres	Pastel: $2 por invitado	Flan: $1 por invitado	Helado: $0,50 por invitado	Frutas frescas, pasteles y galletas: $2 por invitado
Bebidas	Champán: $3 por invitado	Vinos, cerveza: $4 por invitado	Café, té: $0,50 por invitado	Refrescos: $1 por invitado

Precio total $ ______________

Nombre _______________ Fecha _______________

comunicación

Estudiante 1

4 **Compartir** (student text p. 319) En parejas, hagan preguntas para saber dónde está cada una de las personas en el dibujo. Ustedes tienen dos versiones diferentes de la ilustración. Al final deben saber dónde está cada persona.

modelo

Estudiante 1: *¿Quién está al lado de Óscar?*
Estudiante 2: *Alfredo está al lado de él.*

Alfredo	Dolores	Graciela	Raúl
Sra. Blanco	Enrique	Leonor	Rubén
Carlos	Sra. Gómez	Óscar	Yolanda

Vocabulario útil

a la derecha de	delante de
a la izquierda de	detrás de
al lado de	en medio de

Nombre Fecha

comunicación

Estudiante 2

4 **Compartir** (student text p. 319) En parejas, hagan preguntas para saber dónde está cada una de las personas en el dibujo. Ustedes tienen dos versiones diferentes de la ilustración. Al final deben saber dónde está cada persona.

modelo

Estudiante 1: *¿Quién está al lado de Óscar?*
Estudiante 2: *Alfredo está al lado de él.*

Alfredo	Dolores	Graciela	Raúl
Sra. Blanco	Enrique	Leonor	Rubén
Carlos	Sra. Gómez	Óscar	Yolanda

Vocabulario útil

a la derecha de	delante de
a la izquierda de	detrás de
al lado de	en medio de

Nombre ______ Fecha ______

comunicación

5  **Solteros y solteras** En grupos, su profesor(a) les entrega unas tarjetas con un perfil (*profile*) en cada una. Escojan sus roles y preparen un programa de televisión que ayuda a personas solteras a encontrar pareja. Recuerden incluir el vocabulario y la gramática de esta lección. Presenten su programa a la clase. ¡Sean creativos/as!

Modelo

Señora Gómez: Ramón, ¿por qué está soltero?
Ramón: Estoy soltero porque todas las chicas que conozco son feas.
Señora Gómez: Y ¿qué piensa de Olga?
Ramón: Pienso que es guapa, pero es muy joven para mí. Sólo tiene 22 años.
Señora Gómez: ¿Usted cuántos años tiene?
Ramón: ¡Tengo 35 años!
Señora Gómez: ¿Usted piensa que va a encontrar a la mujer de su vida hoy en este programa?
Ramón: Sí, creo que ya la encontré.
Señora Gómez: ¿Sí? ¡Qué bueno! Y, ¿quién es?
Ramón: Usted, señora Gómez. ¿Quiere salir conmigo esta noche?

comunicación

5 **Solteros y solteras**

Time: 30 minutes
Resources: Role-play cards

Instructions: Photocopy the role-play cards and cut out as many as needed. Have students form groups of five, and give each group a set of cards. Students should each choose a different role and then together prepare a five- to eight-minute talk show segment using the vocabulary and grammar from this lesson. Make sure all students have a speaking role. At the end, poll the class on which show was the most creative, fun etc.

Give groups 15 minutes to prepare and 5–8 minutes to present. If you cannot divide the class into groups of 5, or if you want the interviews to be shorter, you can also create groups of 3–4 by cutting one or two of the characters from each set.

You can also vary the activity by asking students to come dressed as their characters and prepare their own TV sets. Students can also film their conversations and share them with the class.

comunicación

5 Role-play cards

Señor(ita) Gómez, 25 años, periodista, Colombia
Eres el/la presentador(a) (*host*). Debes dar la bienvenida al programa y presentar a los participantes entre ellos. Luego, cada uno/a debe presentarse y hablar de sí mismo/a (*him/herself*). Después de esto, debes hacerles estas preguntas:

1. ¿Por qué estás soltero/a?
2. ¿Cómo eres?
3. ¿Quieres casarte y tener hijos?
4. ¿Qué piensas de (nombre de uno/a de los/las participantes)?
5. ¿Quién crees que puede ser una buena pareja para ti? ¿Por qué?
6. ¿Quién crees que no puede ser una buena pareja para ti? ¿Por qué?
7. ¿Con quién quieres tener una cita?

Antonio, 30 años, doctor, El Salvador
Eres un joven doctor que trabaja muchas horas en un hospital. Eres guapo, tranquilo y te gusta leer libros y revistas. Eres muy tímido, especialmente con las mujeres; algunas veces es difícil para ti comunicarte con las personas. Estás seguro que una mujer joven y alegre puede ayudarte a relacionarte mejor con los demás (*others*). Esperas casarte y tener dos pares de gemelos.

Paula, 27 años, vendedora, Paraguay
Eres una joven con un trabajo estable en un almacén de ropa. Te encanta hacer deporte y juegas con un equipo profesional de vóleibol. Nunca has tenido (*have had*) novio porque te interesa más salir con tus amigas del equipo que con un chico aburrido. Quieres casarte algún día y enseñarles a tus tres hijos a jugar al vóleibol.

Berenice, 34 años, artista, Bolivia
Eres una pintora famosa en tu país. Tienes tu propio museo y viajas a muchos lugares exóticos. Te gusta mucho hablar con las personas y bailar. Siempre quieres ayudar a los demás y te sientes triste porque no tienes hijos. Quieres casarte y tener dos hijos.

Santiago, 35 años, ingeniero, Panamá
Eres un hombre simpático, inteligente y feo. En tu tiempo libre pintas y te fascina leer poesía. Esperas poder vender una de tus pinturas algún día. No tienes mucho dinero, pero eres muy romántico. También te encanta viajar. No quieres casarte, pero quieres tener hijos algún día para no sentirte tan solo (*alone*).

Señor(ita) Gómez, 25 años, periodista, Colombia
Eres el/la presentador(a) (*host*). Debes dar la bienvenida al programa y presentar a los participantes entre ellos. Luego, cada uno/a debe presentarse y hablar de sí mismo/a (*him/herself*). Después de esto, debes hacerles estas preguntas:

1. ¿Por qué estás soltero/a?
2. ¿Cómo eres?
3. ¿Quieres casarte y tener hijos?
4. ¿Qué piensas de (nombre de uno/a de los/las participantes)?
5. ¿Quién crees que puede ser una buena pareja para ti? ¿Por qué?
6. ¿Quién crees que no puede ser una buena pareja para ti? ¿Por qué?
7. ¿Con quién quieres tener una cita?

Elena, 22 años, estudiante de administración de empresas, México
Eres una joven alegre y bonita, te encanta conversar con tus amigos/as, cocinar y ver películas. Has tenido (*You have had*) muchos novios, pero siempre terminaron mal; ahora quieres comprometerte y casarte, pero no quieres tener gemelos.

Humberto, 27 años, profesor, Uruguay
Eres un joven profesor de economía, alto, delgado y feo. Una vez tuviste una novia, pero ella se fue con un chico más guapo. Piensas que ninguna chica te mira porque eres feo, pero sabes que eres un hombre muy interesante. Te sientes deprimido (*depressed*) porque llevas muchos años buscando a una chica simpática e inteligente que te quiera por lo que eres, no por cómo te ves. Quieres casarte y tener una hija.

Rafael, 29 años, hijo de mamá (*mamma's boy*), Venezuela
Tú eres un joven muy guapo, pero no muy inteligente. No te gusta estudiar ni trabajar y vives con tus padres. Tú mamá hace todo por ti; no te gusta levantarte temprano ni ayudar a limpiar la casa. Estás seguro que una novia trabajadora y simpática también va a hacer todo por ti. Quieres casarte y tener tres hijos.

Susana, 23 años, camarera, Argentina
Eres una joven trabajadora y tienes muchas ganas de estudiar en la universidad, pero no tienes mucho dinero; necesitas trabajar para ayudar a tu mamá, que está enferma y no puede salir de casa. No tienes novio, pero esperas conocer algún día a un joven inteligente y trabajador. Te llevas muy bien con tu mamá y quieres vivir siempre con ella. Quieres tener cuatro hijos, dos niños y dos niñas.

5 Role-play cards

Señor(ita) Gómez, 25 años, periodista, Colombia

Eres el/la presentador(a) (*host*). Debes dar la bienvenida al programa y presentar a los participantes entre ellos. Luego, cada uno/a debe presentarse y hablar de sí mismo/a (*him/herself*). Después de esto, debes hacerles estas preguntas:

1. ¿Por qué estás soltero/a?
2. ¿Cómo eres?
3. ¿Quieres casarte y tener hijos?
4. ¿Qué piensas de (nombre de uno/a de los/las participantes)?
5. ¿Quién crees que puede ser una buena pareja para ti? ¿Por qué?
6. ¿Quién crees que no puede ser una buena pareja para ti? ¿Por qué?
7. ¿Con quién quieres tener una cita?

Juliana, 33 años, cantante (*singer*), Guatemala

Eres una joven talentosa (*talented*) e importante. Viajas mucho y nunca estás en casa; tienes muchos amigos y todos son guapos. Estás soltera porque ninguno de los chicos que conoces quiere ser tu novio, todos dicen que eres muy mandona (*bossy*) y, a veces, antipática. Quieres encontrar un hombre tonto, pero guapo; pero no esperas casarte.

Fernando, 30 años, músico, Nicaragua

Eres un joven pianista y practicas mucho durante el día para ser el mejor. Eres guapo, pero a veces egoísta (*selfish*). Vives con tus padres, pero esperas casarte y tener tu propia familia. Deseas encontrar pronto a una mujer buena y talentosa y tener con ella unos tres hijos.

Horacio, 26 años, jugador de fútbol, Chile

Eres un deportista alto y fuerte. Cuando no estás jugando, estás viendo partidos de fútbol por la tele. Muchos chicos son tus amigos, pero las chicas no quieren ni verte porque eres muy tonto; siempre que tratas de hablar con una chica, cometes muchos errores (*you make mistakes*). Te gusta la idea de casarte y tener un hijo.

Amanda, 30 años, dueña de un almacén, Perú

Eres una mujer muy inteligente. Trabajas mucho en tu almacén de ropa en el día y estudias medicina en las noches. Quieres tener un novio porque te sientes sola (*alone*), deseas tener a alguien con quien compartir tu tiempo libre y salir al cine o a caminar. Eres una mujer muy romántica y esperas conocer a tu príncipe azul (*Prince Charming*) pronto, casarte y tener dos hijos.

Señor(ita) Gómez, 25 años, periodista, Colombia

Eres el/la presentador(a) (*host*). Debes dar la bienvenida al programa y presentar a los participantes entre ellos. Luego, cada uno/a debe presentarse y hablar de sí mismo/a (*him/herself*). Después de esto, debes hacerles estas preguntas:

1. ¿Por qué estás soltero/a?
2. ¿Cómo eres?
3. ¿Quieres casarte y tener hijos?
4. ¿Qué piensas de (nombre de uno/a de los/las participantes)?
5. ¿Quién crees que puede ser una buena pareja para ti? ¿Por qué?
6. ¿Quién crees que no puede ser una buena pareja para ti? ¿Por qué?
7. ¿Con quién quieres tener una cita?

Gabriela, 20 años, estudiante de biología, Costa Rica

Eres una chica delgada y baja. Esperas ser una gran bióloga (*biologist*) cuando termines tu carrera. No eres muy bonita, pero tienes muchos amigos y eres muy segura de ti misma (*self-confident*). Cuando tienes tiempo, vas al cine, a conciertos o a ver películas. Quieres tener un novio para salir con él los fines de semana y pasar buenos momentos juntos. Algún día esperas casarte, pero no quieres tener hijos.

Orlando, 24 años, empleado de una fábrica (*factory*), Cuba

Eres un chico tímido y trabajador. Eres amable y generoso, pero te enojas a menudo y a veces te deprimes (*feel depressed*). En tu tiempo libre te gusta tomar fotografías y te encanta ir de paseo al campo. Eres muy romántico; tuviste una novia hace mucho tiempo, pero ahora sientes que necesitas una persona para amarla y regalarle flores y chocolates, casarte con ella y tener muchos hijos.

Erica, 29 años, agente de viajes, Puerto Rico

Eres una chica gorda y alta. Es muy difícil para ti encontrar un novio, porque todos los chicos que conoces son muy bajos y delgados. Conoces a muchas personas y lugares en tu trabajo, pero piensas que ya es hora (*it's time*) de tener a alguien a tu lado para casarte y tener cinco hijos.

Samuel, 31 años, periodista, Ecuador

Eres un hombre elegante y muy antipático. Piensas que todas las chicas son tontas y no quieres, por ningún motivo (*reason*), tener una novia fea. Esperas encontrar a la mujer perfecta: inteligente, bonita y con mucho dinero. No quieres casarte ni tener hijos, solamente quieres tener una novia para llevarla a las fiestas y hacerles sentir envidia (*envy*) a tus amigos.

Nombre ______________ Fecha ______________

comunicación

6 **Una fiesta sorpresa** En grupos de tres personas, su profesor(a) les entrega una tarjeta con un escenario. Preparen una escena de cinco minutos; sigan las instrucciones de la tarjeta. En su presentación escojan un(a) compañero/a de su grupo para que actúe como la persona a quien se le organizó la fiesta sorpresa. Recuerden incluir el vocabulario y la gramática de esta lección. Presenten la conversación a la clase.

Modelo

Amigos: ¡Sorpresaaaaaa!
Diana: ¿Sorpresa? ¿¡Qué pasa!?
Amigos: Feliz cumpleaños, Matilde.
Diana: ¿Matilde? ¿Qué cumpleaños?
Amigo 1: Sí, tu cumpleaños. Amiga, cumples 15 años.
Diana: No, no. Ni es mi cumpleaños ni me llamo Matilde.
Amigo 2: ¿Ah, no? Y, entonces…
Diana: Entonces, nada… yo no los conozco. Fuera todos de mi casa…. ¡y no vuelvan nunca!

comunicación

6 Una fiesta sorpresa

Time: 30 minutes

Resources: Role-play cards

Instructions: Photocopy the role-play cards and cut out as many as needed. Have students form groups of three and give each group a role-play card. Groups should prepare a five-minute skit based on the scene described on the card. Encourage students to use the vocabulary and grammar from the lesson. Once all the groups have presented, you can poll the class on which party was the most creative, fun, etc.

You can also vary the activity by asking students to film their conversations and bring them to class.

comunicación

6 Role-play cards

Eduardo, tu mejor amigo, cumple hoy 14 años. Tus compañeros/as y tú quieren prepararle una fiesta sorpresa. A Eduardo le gusta la música salsa, el pastel de chocolate y el té helado.

Tu abuelita Mariela va a cumplir 85 años. Tus primos/as y tú quieren prepararle una fiesta sorpresa. A tu abuelita le gusta la comida mexicana y la música suave; no le gusta el pastel ni bailar, pero le gusta cuando sus nietos/as le cantan canciones bonitas.

Tu hermano menor, Alejandro, va a cumplir 7 años. Tu familia y tú quieren prepararle una fiesta sorpresa. A Alejandro le gustan mucho los dulces y bailar reggaetón.

Tus padres están de aniversario; van a cumplir 30 años de casados. Tus hermanos/as y tú quieren prepararles una fiesta sorpresa. A tus padres les encanta la paella y les gusta bailar flamenco.

Tus vecinos/as de la casa de al lado se van a vivir a Argentina. Tú y tu familia quieren prepararles una fiesta sorpresa de despedida. A ellos les gustan los postres y el jugo, además, les fascina cantar con karaoke.

Tu tía obtuvo un ascenso en su trabajo. Tú y tu familia quieren prepararle una fiesta sorpresa. A tu tía le gusta la langosta, los refrescos y la música andina.

Tu hermano mayor obtuvo una beca para estudiar la cultura hispana en Perú. Tú y sus compañeros/as de la universidad quieren prepararle una fiesta sorpresa. A tu hermano le gusta mucho reírse, así que lo mejor es contarle chistes (*jokes*) en la fiesta; también le gusta mucho la música peruana.

Tu profesor(a) de español se va a trabajar a una escuela en España. Tus compañeros/as de clase y tú quieren prepararle una fiesta sorpresa para despedirlo/a. A tu profesor(a) le encanta bailar merengue y le gusta mucho la comida de la República Dominicana.

Nombre ____________________ Fecha ____________________

recapitulación

1 **Clasificar** Escribe las palabras de la lista en las categorías correctas.

la amistad	la fiesta	el matrimonio	la Navidad	viudo
el cumpleaños	la madurez	la muerte	la vejez	

	las celebraciones	las relaciones personales	las etapas de la vida
1.	______	______	______
2.	______	______	______
3.	______	______	______

2 **Seleccionar** Selecciona la palabra que no está relacionada con cada grupo.

1. niñez • madurez • soltero • vejez
2. Navidad • boda • cumpleaños • galleta
3. casado • flan • postre • helado
4. separado • viudo • juventud • divorciado

3 **Escoger** Escoge la palabra que completa correctamente cada oración.

1. Mis amigos celebraron su ______ en una hermosa iglesia de Honduras.
   a. boda b. postre c. sorpresa
2. Leonardo y Rosita se casaron ayer, es decir, están ______.
   a. divorciados b. viudos c. recién casados
3. Ayer, mi hermana Dora tuvo su primera ______.
   a. galleta b. amistad c. cita
4. Yo me ______ de medicina el año pasado.
   a. casé b. gradué c. relajé

4 **La novia de mi hermano** Completa el párrafo con el tiempo correcto de los verbos del cuadro.

casarse	llevarse bien	pasarlo bien	reírse	romper	sorprender

Este sábado (1) ______ mi hermano mayor, Alberto. Su novia es bonita e inteligente, pero antipática. La verdad, no nos (2) ______. Una vez, mi hermano (3) ______ con ella y yo me puse muy feliz; me (4) ______ mucho cuando supe que volvieron. Qué lástima, mi hermano casado con esa bruja (*witch*)...

5 **Completar** Completa las oraciones con el pretérito de los verbos **conocer, poder, querer** y **saber**.

1. En la fiesta, Mariana ______ bailar salsa, pero no pudo.
2. Miriam y Alina ______ muchos solteros guapos e interesantes en su viaje al Caribe.
3. Miguel ______ que su novia se casó hace dos días en Las Vegas.
4. Isabel y yo no ______ comprar los pasajes a tiempo.

6 **Reescribir** Reescribe cada oración. Usa los pretéritos irregulares de los verbos.

1. Mis hermanos y yo estamos en el aniversario de bodas de nuestros padres.
   ______________________________.
2. Yo traigo el postre a la fiesta.
   ______________________________.
3. El novio tiene que ir a conocer a los padres de la novia.
   ______________________________.
4. Nosotros venimos a celebrar la Navidad con nuestra familia.
   ______________________________.

7 ***¿Qué?* y *¿cuál?*** Escribe dos preguntas sobre las palabras que se presentan a continuación. Sigue el modelo.

Modelo

flan de caramelo y pastel de chocolate ¿Qué es el flan de caramelo?
¿Cuál de los dos postres te gusta más, el flan de caramelo o el pastel de chocolate?

la física y la química ______________________________
____

el anaranjado y el rojo ______________________________
____

la Navidad y el matrimonio ______________________________
____

el amor y la amistad ______________________________
____

8 **Escribir** Escribe oraciones completas con los elementos dados (*given*). Agrega la preposición y el pronombre correcto para cada una. Sigue el modelo.

Modelo

tú / tener / carta / yo Tú tienes una carta para mí.

1. yo / ir / parque / tú ______________________________
2. Ramiro / trae / pastel / tú ______________________________
3. nosotras / tomar / clase de arte / ella ______________________________
4. ellos / tener / dos regalos / yo ______________________________

9 **¡A practicar!** En grupos de cuatro personas, preparen una escena donde dos personas tienen una cita a ciegas (*blind date*) en un restaurante y los otros dos son los camareros. Incluyan:

- el vocabulario (las celebraciones, los postres y otras comidas, las relaciones personales, las etapas de la vida, etc.)
- los pretéritos irregulares
- los verbos que cambian de significado en el pretérito
- **qué** y **cuál**
- los pronombres después de las preposiciones

Presenten su escena frente a la clase. ¡Sean creativos/as!

answers to activities

Lección 9

contextos

1 **Horizontales:** 2. helado 6. adolescencia 7. alegría 9. amistad 10. amor **Verticales:** 1. soltero 3. flan 4. pareja 5. fiesta 8. boda

2 Answers will vary.

estructura

9.1 Irregular preterites

1 1. tuvo 2. vinieron/condujeron 3. dijo/dio 4. quiso 5. puse 6. estuvo 7. pudo/quiso 8. hicieron 9. dimos/trajimos 10. condujo 11. dio/trajo 12. hubo

9.2 Verbs that change meaning in the preterite

1 **A.** 1. c 2. e 3. g 4. f 5. j 6. h 7. b 8. i 9. d 10. a **B.** Answers will vary

2 **A.** 1. pude 2. conocí 3. supe 4. Quise 5. pude 6. pude 7. supimos 8. conocieron 9. quiso 10. quisiste **B.** Answers will vary.

9.3 *¿Qué?* and *¿cuál?*

1 **A.** Some answers may vary. Sample answers: 1. ¿Cuál es tu jugo favorito? 2. ¿Qué es el flan? 3. ¿Cuál es tu color favorito? 4. ¿Qué día es hoy? 5. ¿Cuál es la capital de Perú? 6. ¿Qué quieres tomar? 7. ¿Qué día es tu cumpleaños? 8. ¿Qué te gusta hacer los fines de semana? 9. ¿Cuál es tu número de teléfono? 10. ¿Qué clases tomas este semestre? **B.** Answers will vary.

2 **A.** 1. cómo 2. Qué 3. cuál 4. Dónde 5. de dónde 6. cuándo 7. Cuál 8. qué 9. Cuánto 10. De dónde 11. Cuántas 12. Cuáles **B.** Answers will vary.

9.4 Pronouns after prepositions

1 **A.** Some answers may vary. 1. Blanca siempre lleva un dulce para/con ella. 2. Estas galletas las trajeron ellos para mí. 3. ¿Bernardo estudia en una escuela de Buenos Aires contigo? 4. ¿Vas a ir a la fiesta sorpresa que Mariela organizó para/con Horacio? 5. Ulises trabaja en la oficina del centro para/con nosotros. 6. Ese flan de caramelo es un delicioso regalo para mi tía Lucía. 7. Úrsula siempre lleva las llaves de su casa con ella. 8. Ésta es una carta de mi madre para Dora. 9. María está aquí conmigo. 10. Este pastel lo hizo Clara para ti/contigo. **B.** Answers will vary.

comunicación

1 Answers will vary.

2 Answers will vary.

3 Answers will vary.

4 Answers will vary.

5 Answers will vary.

6 Answers will vary.

recapitulación

1 **las celebraciones:** 1. el cumpleaños 2. la fiesta 3. la Navidad **las relaciones personales:** 1. la amistad 2. el matrimonio 3. viudo **las etapas de la vida:** 1. la madurez 2. la muerte 3. la vejez

2 1. soltero 2. galleta 3. casado 4. juventud

3 1. a 2. c 3. c 4. b

4 1. se casa 2. llevamos bien 3. rompió 4. sorprendí.

5 1. quiso 2. conocieron 3. supo 4. pudimos

6 1. Mis hermanos y yo estuvimos en el aniversario de bodas de nuestros padres. 2. Yo traje el postre a la fiesta. 3. El novio tuvo que ir a conocer a los padres de la novia. 4. Nosotros vinimos a celebrar la Navidad con nuestra familia.

7 Answers will vary.

8 Yo voy al parque contigo. 2. Ramiro trae el pastel para ti. 3. Nosotras tomamos la/nuestra clase de arte con ella. 4. Ellos tienen dos regalos para mí.

9 Answers will vary.

Rules and Instructions

1. **¡Atrévete!** is a set of games played on the same board that offers students the opportunity to review vocabulary and grammar concepts. The games are organized so students review a few lessons at a time and practice only what they've learned. Materials are designed to be used after lessons 4 and 8. The large game board has instructions in Spanish on one side, and in English on the other side. Either side can be used. Each group of lessons has its own set of cards that reviews the grammar and vocabulary from those lessons. Each set also has its own, numbered answer key.
2. **¡Atrévete!** is designed to be played by a maximum of six students per board. Organize the class into groups of three to six students, and provide the appropriate number of board games by photocopying either the large color version or the smaller versions on pages 171–181.
3. Print or photocopy the cards for the lessons you are reviewing. Print multiple copies to accommodate multiple groups.
4. Give each group one die (not included) and have each student create a token (such as a coin or a paperclip), to mark his or her place on the board.
5. Set cards facedown on the spaces indicated on the board. Have students place their tokens on **SALIDA** (*START*). They should then take turns rolling the die and moving their tokens forward according to the number they roll.
6. The student should take the card(s) indicated by the space's image(s) and follow the written instructions.
7. Once a student picks the appropriate card(s), he/she has one minute to complete the task. If time runs out or if the task isn't completed correctly, he/she has to move back one space.
8. If a student lands on an **Avanza/Regresa** (*Move forward/Move back*) space, he/she must move according to its instructions.
   He/she does not have to complete the task on the new space; it is simply the starting position for his/her next turn.
9. If a student lands on the **Pierde un turno** (*Miss one turn*) space, he/she must sit out one turn.
10. If a student lands on the **Comienza de nuevo** (*Start over*) space, he/she must go back to **SALIDA** (*START*).
11. The **Reto** (*Challenge*) cards are numbered because the answers there can be checked in the Answer Key. If a student does not complete a challenge correctly, he/she misses his/her next turn.
12. The first person to reach the **META** (*FINISH*) space wins.

Use this game as a review after a break, at the start of a semester, before exams, or for periodic recycling of previously-learned language. We hope you and your students will find it a useful and fun way to practice Spanish!

¡Atrévete!

VISTA
HIGHER LEARNING

Pictures

Verbs

Challenge

Vocabulary

Grammar

START

Explain a grammar structure.

Pick a picture and describe it.

Conjugate one verb.

Form a sentence with a vocabulary word.

Pick a challenge or miss one turn.

Form a sentence using a picture and a verb.

Pick a vocabulary word and a verb and form a sentence.

Choose a grammar structure and give one example.

Move forward to the nearest challenge.

Pick a verb and form a sentence.

Move forward three spaces.

Form two sentences using a picture.

Conjugate two verbs.

Complete a challenge.

Combine a grammar structure and two pictures and form a sentence.

Pick a picture and describe it.

Move forward to the nearest challenge.

Start over.

Combine a picture, a vocabulary word, and a verb to form a sentence.

Pick two vocabulary words and a verb to form a sentence.

Pick a challenge or miss one turn.

Combine two pictures and two vocabulary words and form a sentence.

Take two turns.

Form a sentence using three vocabulary words.

Pick two vocabulary words and a picture and form a sentence.

Complete a challenge.

Combine a grammar structure with a vocabulary word and form a sentence.

Combine two vocabulary words and a verb to form a sentence.

Move back two spaces.

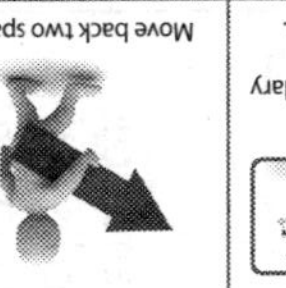

Pick a verb and form a sentence.

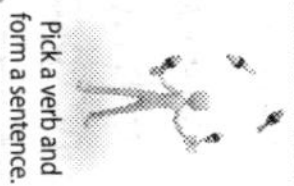

Pick a challenge or miss one turn.

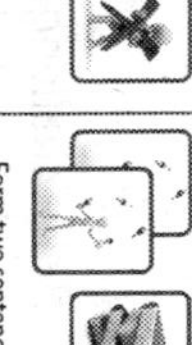

Form two sentences with two verbs and one vocabulary word.

Miss one turn.

Explain a grammar structure and give one example.

Use a picture and verb to form a sentence.

FINISH

¡Atrévete!

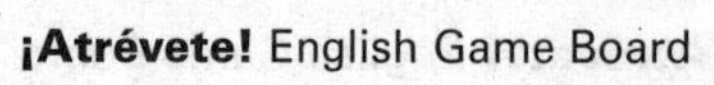

VISTA HIGHER LEARNING

Form a sentence using three vocabulary words.

Pick two vocabulary words and a picture and form a sentence.

Complete a challenge.

Combine a grammar structure with a vocabulary word and form a sentence.

Combine two vocabulary words and a verb to form a sentence.

Move back two spaces.

Pick a verb and form a sentence.

Pick a challenge or miss one turn.

Form two sentences with two verbs and one vocabulary word.

Challenge

START

Explain a grammar structure.

Pick a picture and describe it.

Conjugate one verb.

Form a sentence with a vocabulary word.

Pick a challenge or miss one turn.

Miss one turn.

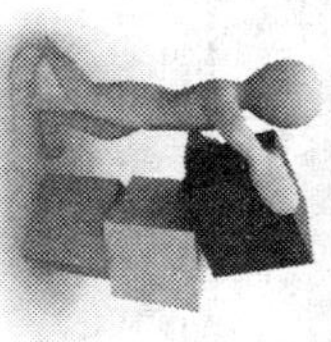

Explain a grammar structure and give one example.

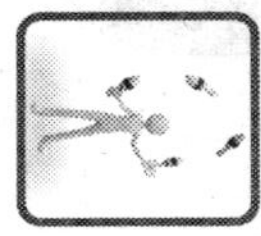

Use a picture and verb to form a sentence.

FINISH

Pictures

Verbs

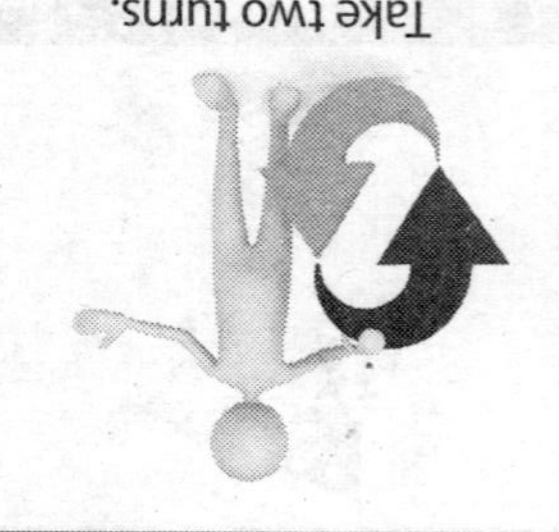

Take two turns.

Combine two pictures and two vocabulary words and form a sentence.

Pick a challenge or miss one turn.

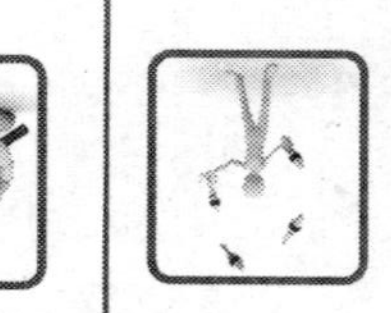

Pick two vocabulary words and a verb to form a sentence.

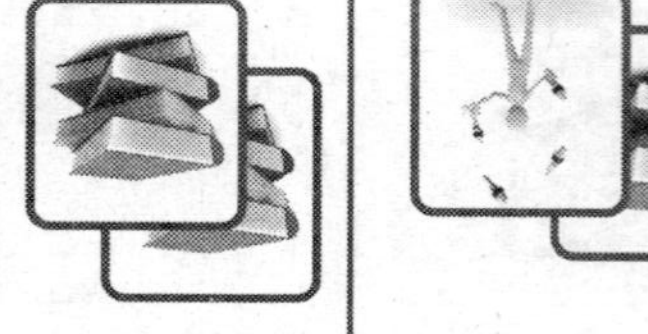

Combine a picture, a vocabulary word, and a verb to form a sentence.

Start over.

Move forward to the nearest challenge.

Pick a picture and describe it.

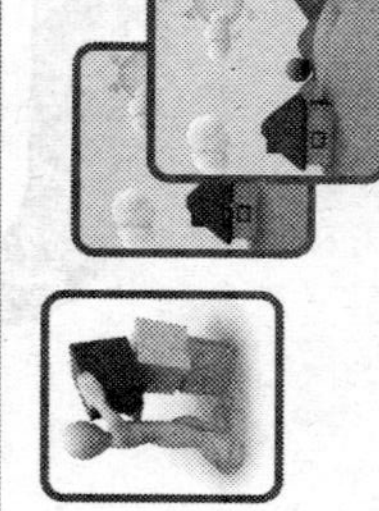

Combine a grammar structure and two pictures and form a sentence.

Vocabulary

Grammar

Complete a challenge.

Conjugate two verbs.

Form two sentences using a picture.

Move forward three spaces.

Form a sentence using a picture and a verb.

Pick a vocabulary word and a verb and form a sentence.

Choose a grammar structure and give one example.

Move forward to the nearest challenge.

Pick a verb and form a sentence.

¡Atrévete!

VISTA HIGHER LEARNING

Imágenes

Verbos

Reto

Vocabulario

Gramática

SALIDA

- Explica una estructura de gramática.
- Toma una imagen y descríbela.
- Conjuga un verbo.
- Toma una palabra del vocabulario e inventa una oración lógica.
- Completa un reto o pierde un turno.
- Toma una imagen y un verbo e inventa una oración lógica.
- Toma una palabra del vocabulario y un verbo e inventa una oración lógica.
- Escoge una estructura de gramática y da un ejemplo.
- Avanza hasta el reto más próximo.
- Toma un verbo e inventa una oración lógica.
- Avanza tres espacios.
- Toma una imagen e inventa dos oraciones lógicas.
- Conjuga dos verbos.
- Completa un reto.
- Combina una estructura de gramática y dos imágenes e inventa una oración lógica.
- Toma una imagen y descríbela.
- Avanza hasta el reto más próximo.
- Comienza de nuevo.
- Inventa una oración con una imagen, una palabra del vocabulario y un verbo.
- Toma dos palabras del vocabulario y un verbo e inventa una oración lógica.
- Completa un reto o pierde un turno.
- Inventa una oración con dos imágenes y dos palabras del vocabulario.
- Repite el turno.
- Toma tres palabras del vocabulario e inventa una oración lógica.
- Toma dos palabras del vocabulario y una imagen e inventa una oración lógica.
- Completa un reto.
- Combina una estructura de gramática y una palabra del vocabulario e inventa una oración lógica.
- Combina dos palabras del vocabulario y un verbo e inventa una oración.

Regresa dos espacios.

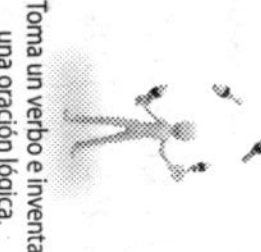

Toma un verbo e inventa una oración lógica.

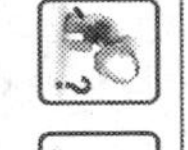
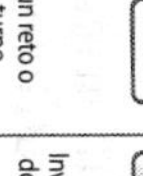

Completa un reto o pierde un turno.

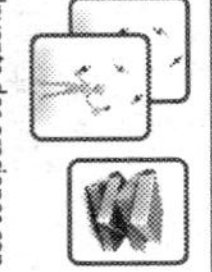
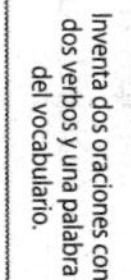

Inventa dos oraciones con dos verbos y una palabra del vocabulario.

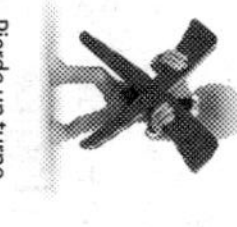

Pierde un turno.

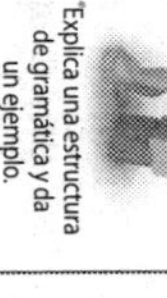

Explica una estructura de gramática y da un ejemplo.

Toma una imagen y un verbo e inventa una oración lógica.

META

Toma tres palabras del vocabulario e inventa una oración lógica.

Toma dos palabras del vocabulario y una imagen e inventa una oración lógica.

Completa un reto.

Combina una estructura de gramática y una palabra del vocabulario e inventa una oración lógica.

Combina dos palabras del vocabulario y un verbo e inventa una oración.

Regresa dos espacios.

Toma un verbo e inventa una oración lógica.

Completa un reto o pierde un turno.

Inventa dos oraciones con dos verbos y una palabra del vocabulario.

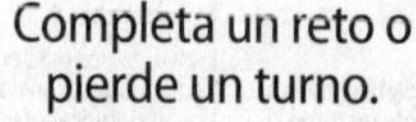

Reto

SALIDA

Explica una estructura de gramática.

Toma una imagen y descríbela.

Conjuga un verbo.

Toma una palabra del vocabulario e inventa una oración lógica.

Completa un reto o pierde un turno.

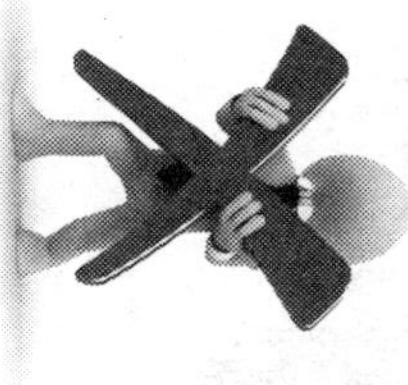

Pierde un turno.

Explica una estructura de gramática y da un ejemplo.

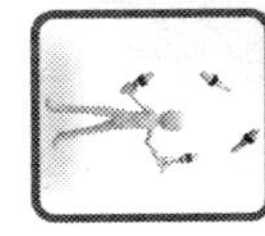

Toma una imagen y un verbo e inventa una oración lógica.

META

Combina una estructura de gramática y dos imágenes e inventa una oración lógica.

Toma una imagen y descríbela.

Avanza hasta el reto más próximo.

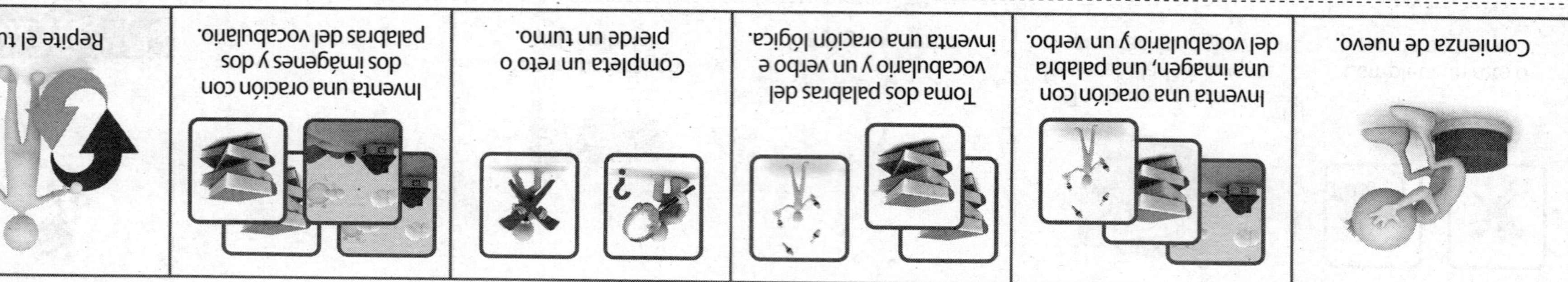

Verbos

Imágenes

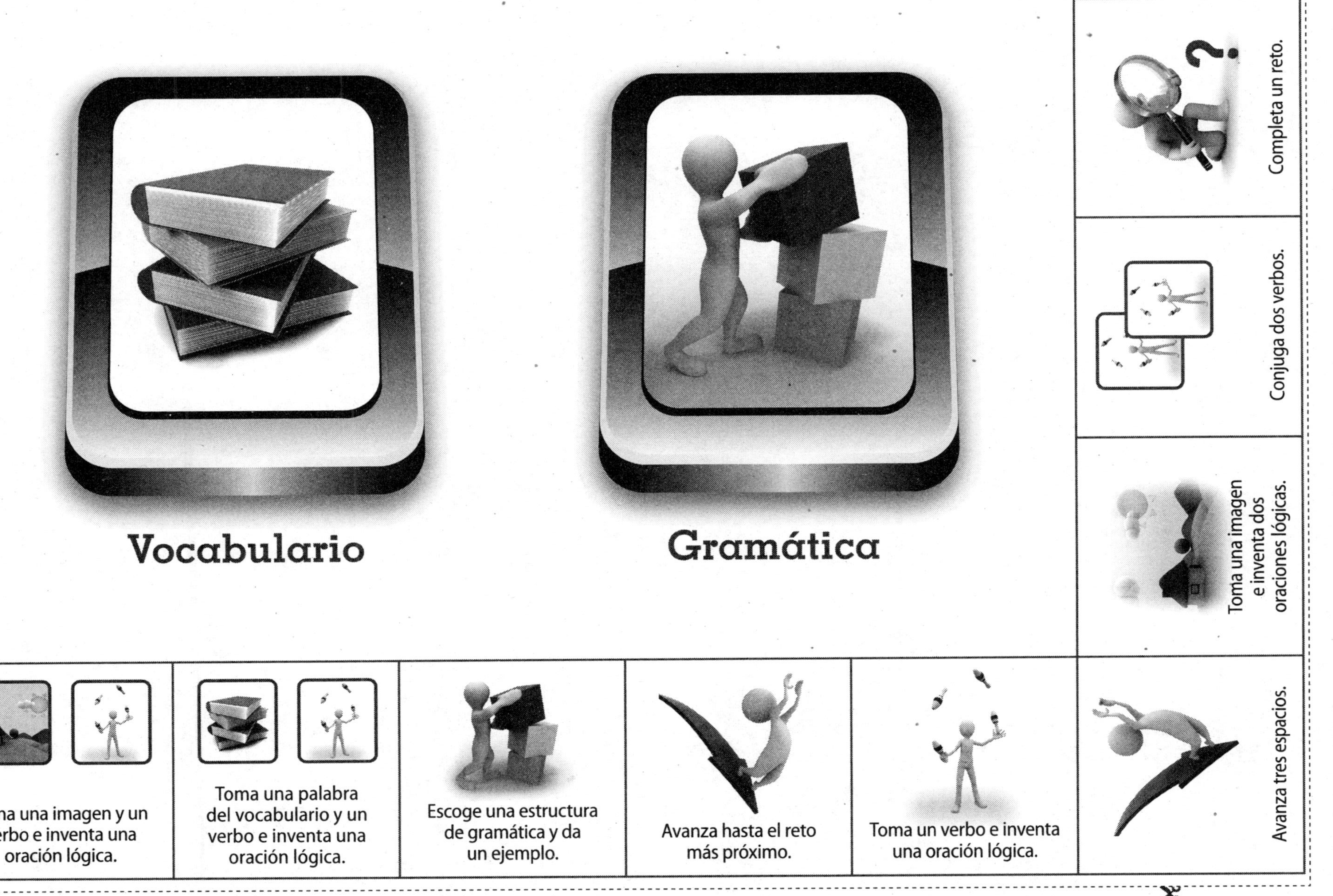

Vocabulario
Gramática
Completa un reto.
Conjuga dos verbos.
Toma una imagen e inventa dos oraciones lógicas.
Toma una imagen y un verbo e inventa una oración lógica.
Toma una palabra del vocabulario y un verbo e inventa una oración lógica.
Escoge una estructura de gramática y da un ejemplo.
Avanza hasta el reto más próximo.
Toma un verbo e inventa una oración lógica.
Avanza tres espacios.

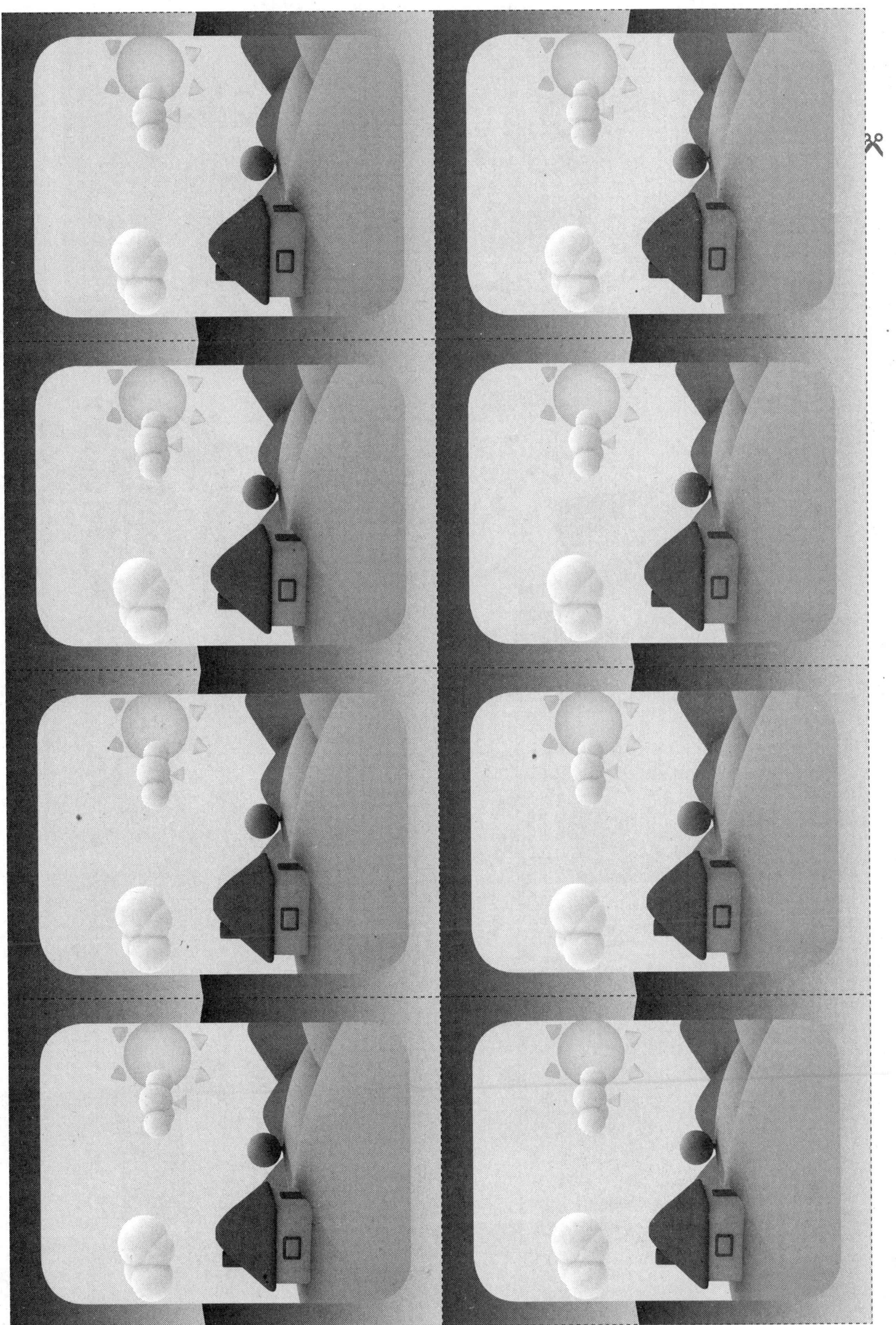

Parque

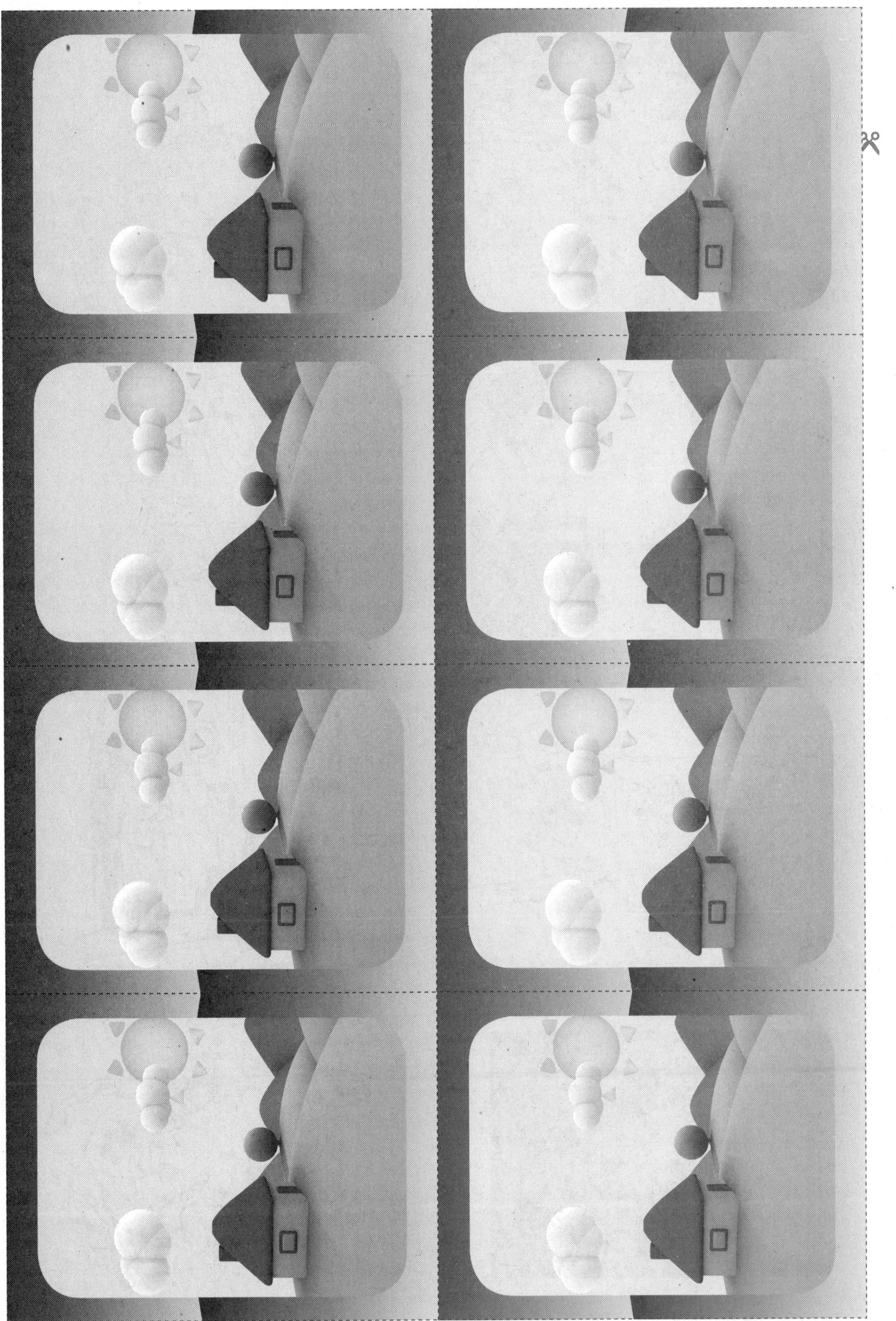

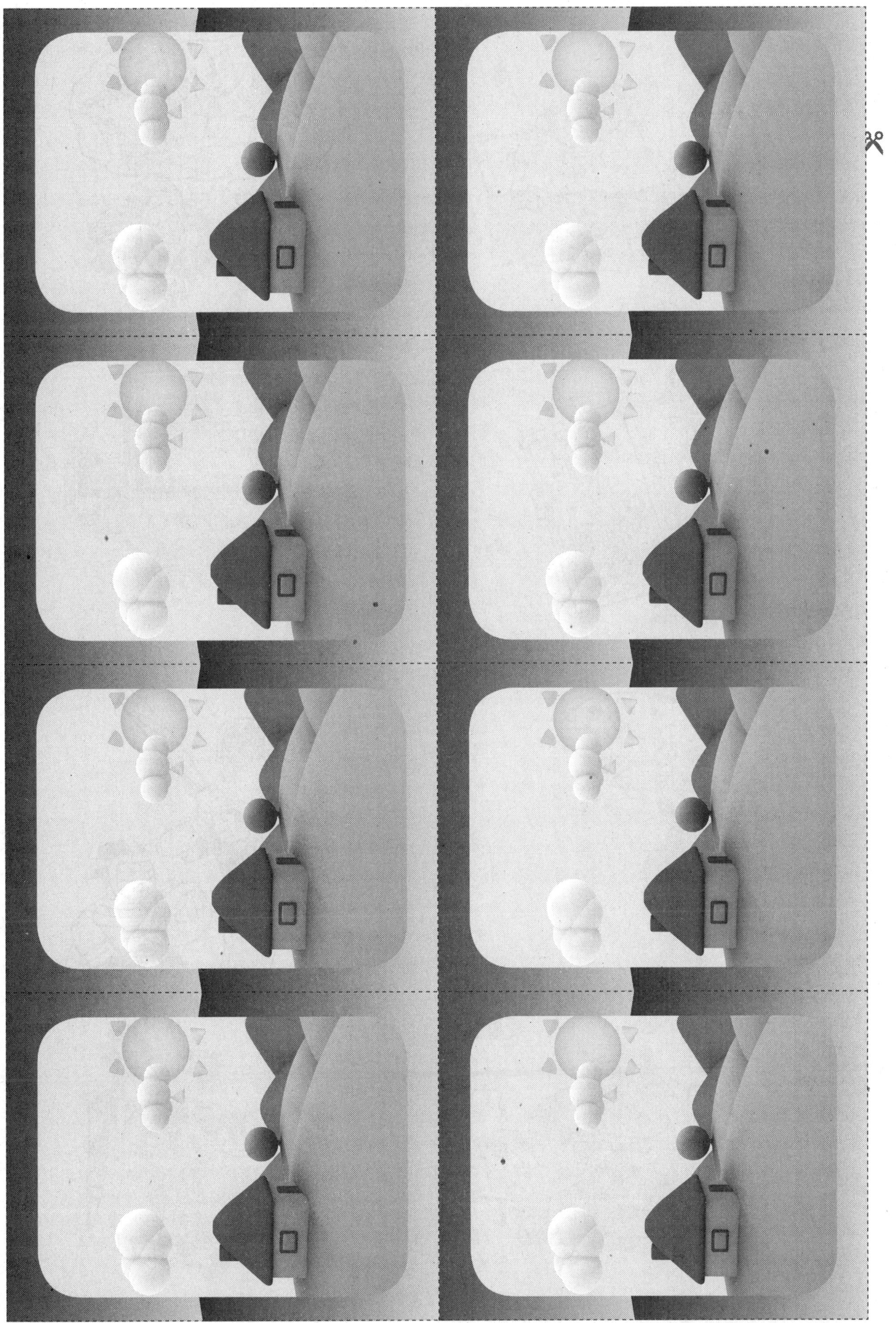

1,2,3

7:30

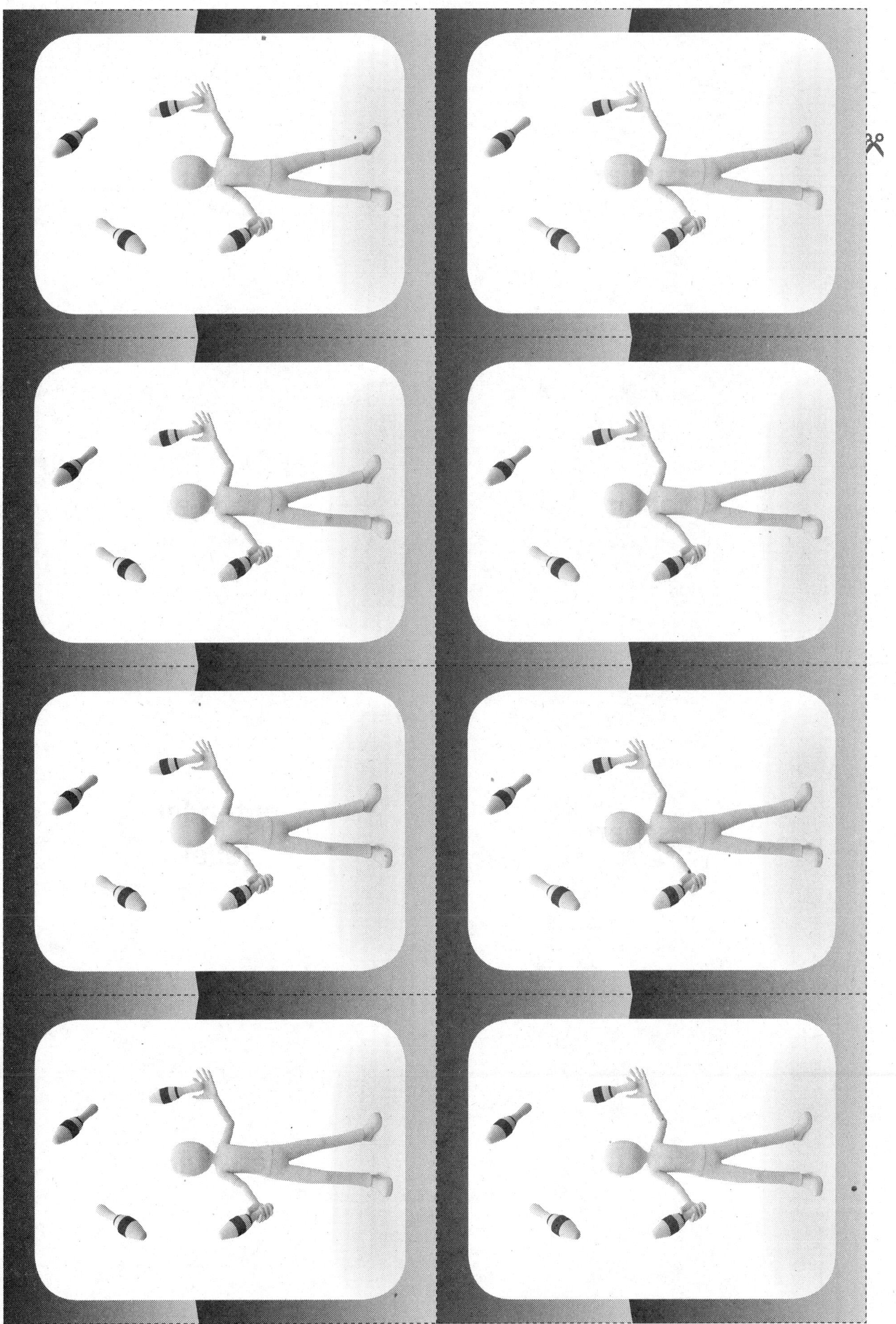

estudiar

cenar

hablar

trabajar

enseñar

entender (e:ie)

asistir (a)

escribir

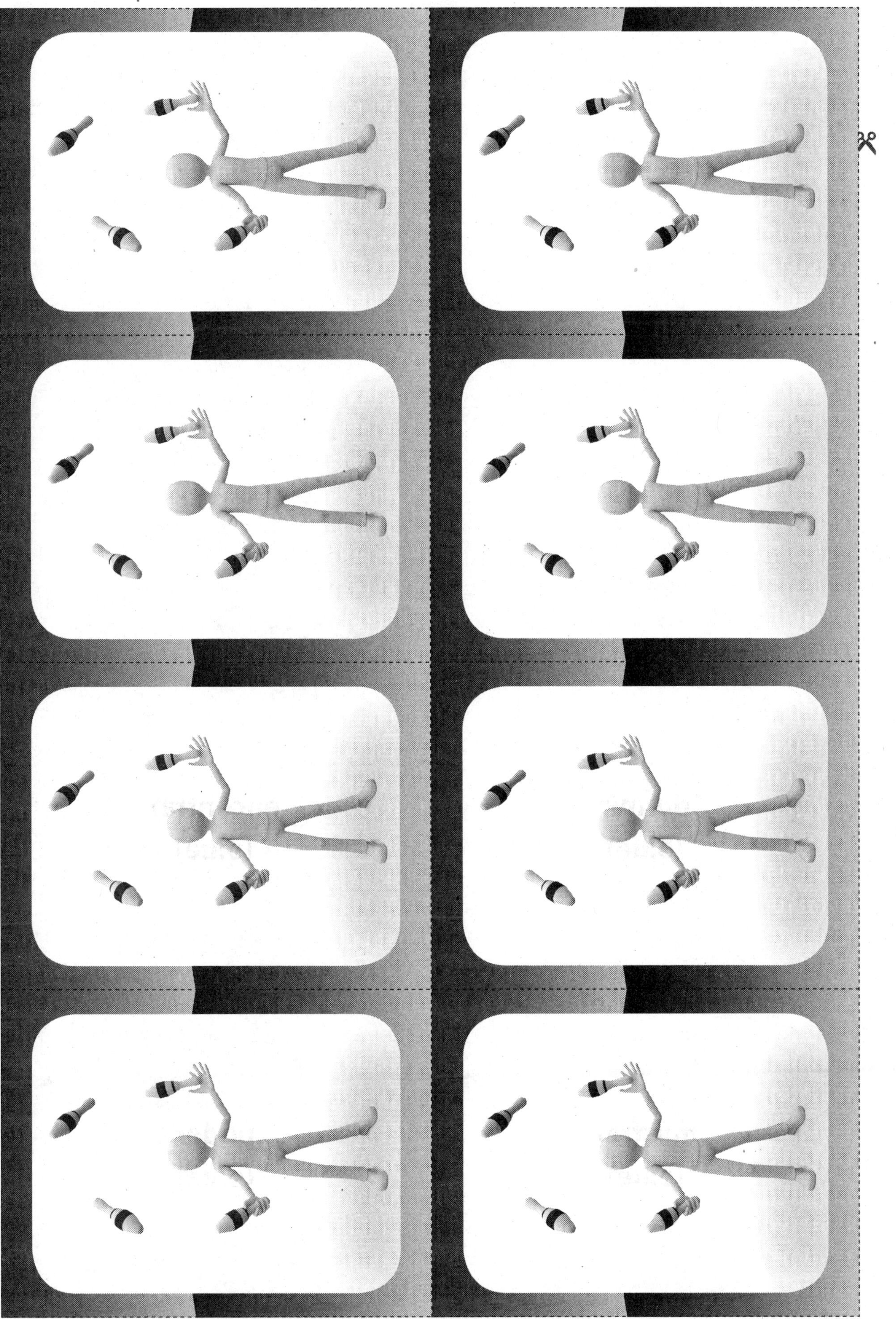

tener

venir

vivir

estar

dormir (o:ue)

encontrar (o:ue)

mostrar (o:ue)

poder (o:ue)

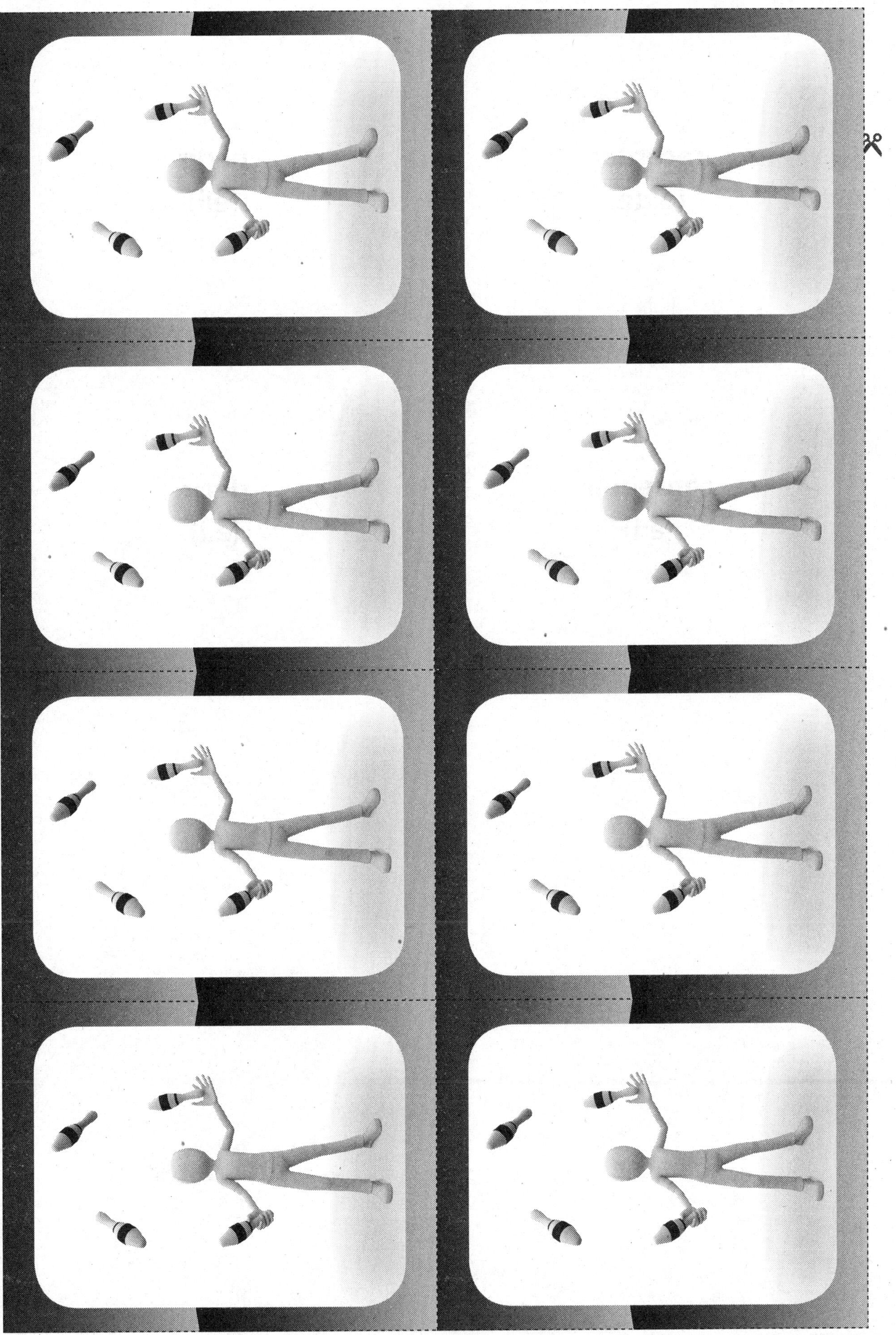

recordar (o:ue)

pedir (e:i)

conseguir (e:i)

decir (e:i)

oír

ser

hacer

preguntar

el autobús

la computadora

el/la conductor(a)

el hombre

el/la joven

la mujer

el/la profesor(a)

la conversación

el cuaderno

la escuela

la foto(grafía)

el/la pasajero/a

el/la estudiante

el escritorio

la biblioteca

el estadio

la clase

la tarea

la biología

la historia

la química

la música

el reloj

la pluma

el/la abuelo/a

el/la gemelo/a

el/la hijo/a

los padres

el/la amigo/a

el/la novio/a

el/la artista

el/la ingeniero/a

el/la programador(a)

alemán, alemana

español(a)

ecuatoriano/a

el videojuego

los ratos libres

el baloncesto

el fútbol

la pelota

el ciclismo

el centro

el museo

el parque

la piscina

la iglesia

la diversión

Nouns (feminine/masculine; singular/plural)

Numbers

Present tense of *ser*

Telling time

Articles

Hay/No hay

Present tense of *-ar* verbs

Forming questions in Spanish

Present tense of *estar*

Numbers 31 and higher

Present tense of *-ir* verbs

Subject pronouns

Descriptive adjectives

Possessive adjectives

Present tense of *-er* verbs

Present tense of *tener*

Present tense of *venir*

The verb *gustar*

Present tense of *ir*

Stem-changing verbs *e:ie*

Stem changing verbs *e:i*

Verbs with irregular *yo* forms

Stem changing verbs *o:ue*

Question words

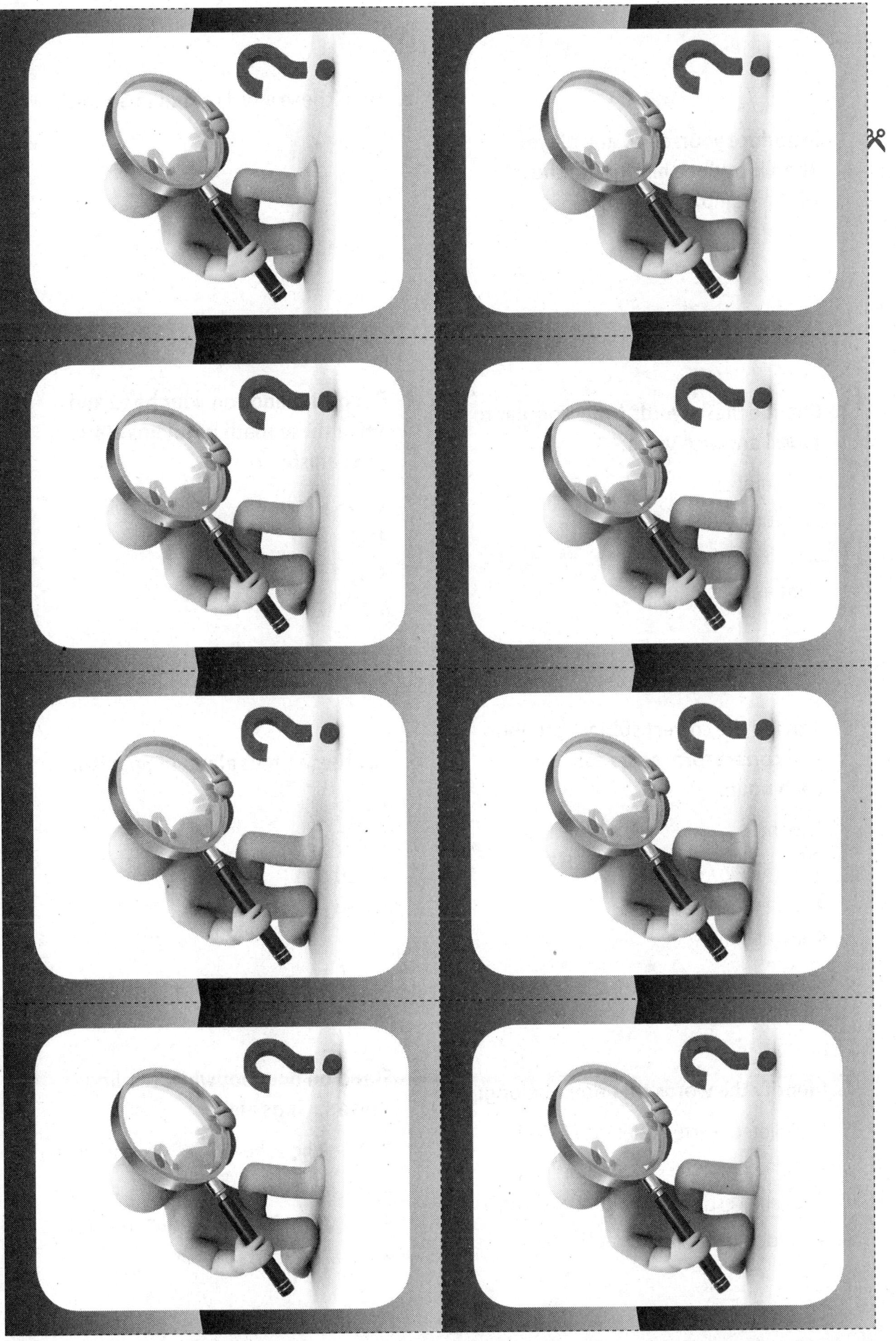

1. **Introduce yourself to any player. Then introduce him/her to the rest of the group.**

2. **Spell these words aloud in Spanish:**
   1. por favor
   2. gracias
   3. historia
   4. madrastra

3. **Change these words from singular to plural and vice versa:**
   1. el autobús
   2. la comunidad
   3. los lápices
   4. los exámenes

4. **Put both hands on your head and solve these math problems aloud in Spanish:**
   1. 35+18=
   2. 21-4=
   3. 42-15=
   4. 11+50=

5. **Provide the correct subject pronoun and correct form of *ser* for each noun:**
   1. María
   2. Carolina y yo
   3. Danilo y Natalia
   4. las jugadoras

6. **Say these times aloud in Spanish:**
   1. 3:15 a.m.
   2. 12:00 p.m.
   3. 7:50 p.m.
   4. 12:00 a.m.

7. **Identify the words that don't belong:**
   1. biblioteca • arte • cafetería • estadio
   2. tarea • examen • clase • casa
   3. librería • español • geografía • biología
   4. cuaderno • borrador • lápiz • física

8. **Stand on one foot while reading these sayings aloud:**
   1. Del dicho al hecho hay un gran trecho.
   2. Ver es creer.
   3. En boca cerrada no entran moscas.
   4. Cada loco con su tema.

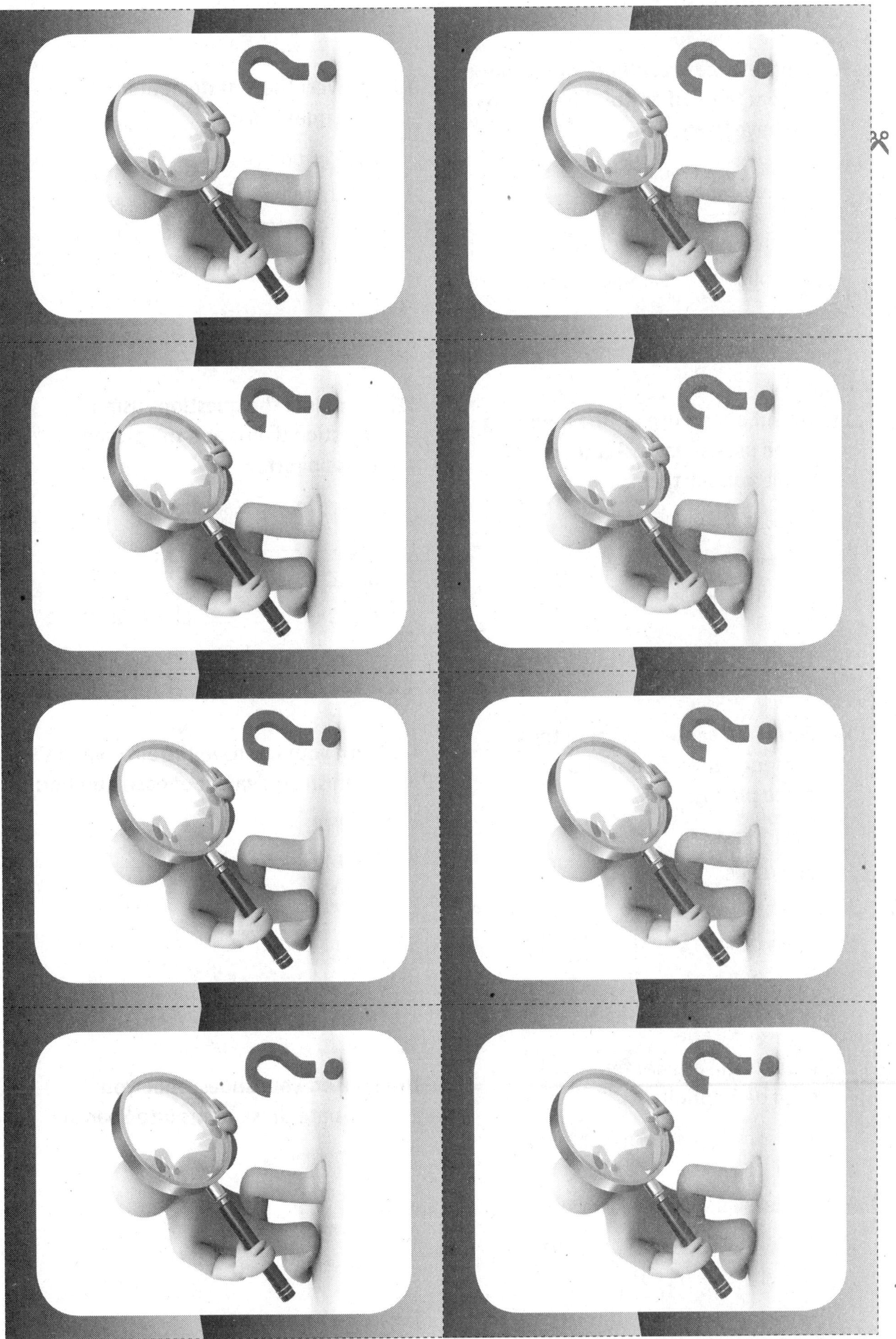

9. Complete these sentences with the present tense of any of the *-ar* verbs you have learned:

1. Ellos ______ español.
2. Yo ______ merengue.
3. La clase ______ a las diez.
4. Nosotras ______ a Europa en diez días.

10. Convert these statements into questions:

1. Tú estudias mucho.
2. Pablo canta ópera.
3. Sandra y Ramón estudian historia.
4. A ti te gusta conversar en la cafetería.

11. Invent a sentence for the following three uses of *estar*. Act them out while you say them:

1. Location
2. Health
3. Well-being

12. Complete the questions using question words and the present tense of *estar*:

1. ¿____ ____ Mariana?
2. ¿____ ____ los niños?
3. ¿____ ____ nosotros?
4. ¿____ libros ____ sobre el escritorio?

13. Form four sentences using the present tense of *estar* and these prepositions:

1. encima de
2. cerca de
3. sobre
4. a la derecha de

14. With your hands in the air, give the Spanish equivalent of each number:

1. 328
2. 19.453
3. 635.200
4. 89

15. Provide the answer for each description:

1. Es el esposo de mi madre, pero no es mi padre.
2. Es el hermano de mi madre.
3. Son las esposas de mis hermanos.
4. Es el hijo de mi tío.

16. Take off your shoes while you translate these terms into Spanish:

1. grandfather
2. friend
3. mother
4. cousin

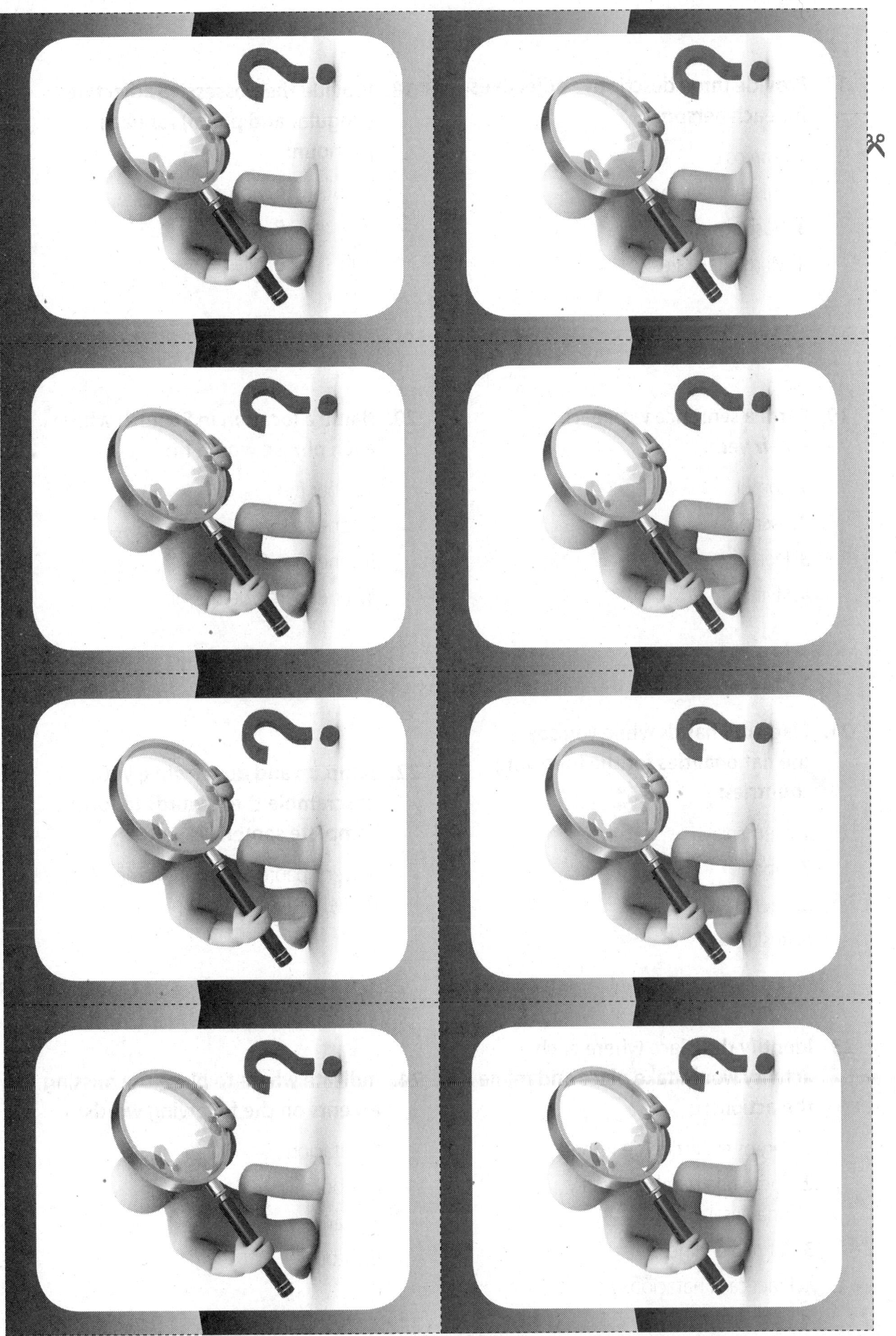

17. Provide three descriptive adjectives for each person:

1. Marcos es…

2. Luisa y Juan son…

3. Nosotros somos…

4. Mi madrastra es…

18. Provide the possessive adjectives (singular and plural) for each pronoun:

1. yo

2. tú

3. él

4. nosotras

5. ustedes

6. ellas

19. Form a sentence with each *-er*/*-ir* verb:

1. comer

2. escribir

3. leer

4. vivir

20. Name a location in Spanish where each phrase would fit:

1. tener frío

2. tener calor

3. tener miedo

4. tener ganas de dormir

21. Clap your hands while you say the nationalities for the following countries:

1. Alemania

2. Japón

3. Puerto Rico

4. Rusia

22. Jump up and down while you unscramble these words to form a complete sentence:

volver / padres / lunes / México / mis / de / el / mañana / la / por

23. Identify the place where each activity would take place and mime the actions:

1. Vemos el partido de fútbol.

2. Como una hamburguesa y una ensalada.

3. Patinan en línea.

4. Practica la natación.

24. Indicate where to place the missing accents on the following words:

1. natacion

2. arbol

3. mama

4. futbol

answers to *reto* cards

Lecciones 1–4

1 Answers will vary.

2 1. pe, o, ere, efe, a, ve, o, ere 2. ge, ere, a, ce, i, a, ese 3. hache, i, ese, te, o, ere, i, a 4. eme, a, de, ere, a, ese, te, ere, a

3 1. los autobuses 2. las comunidades 3. el lápiz 4. el examen

4 1. treinta y cinco más dieciocho son cincuenta y tres 2. veintiuno menos cuatro son diecisiete 3. cuarenta y dos menos quince son veintisiete y siete 4. once más cincuenta son sesenta y uno

5 1. ella, es 2. nosotros/as, somos 3. ellos, son 4. ellas, son

6 1. Son las tres y quince/cuarto de la mañana. 2. Es la medianoche./Son las doce de la noche. 3. Son las siete y cincuenta de la noche./Son las ocho menos diez de la noche. 4. Es el mediodía./ Son las doce del día.

7 1. arte 2. casa 3. librería 4. física

8 Answers will vary.

9 Some answers will vary. Sample answers: 1. Ellos hablan español. 2. Yo bailo merengue. 3. La clase empieza a las diez. 4. Nosotras viajamos a Europa en diez días.

10 1. ¿Tú estudias mucho?/¿Estudias mucho tú?/ Tú estudias mucho, ¿verdad/no?
2. ¿Pablo canta ópera?/¿Canta ópera Pablo?/ Pablo canta ópera, ¿verdad/no?
3. ¿Sandra y Ramón estudian historia?/¿Estudian historia Sandra y Ramón?/Sandra y Ramón estudian historia, ¿verdad/no? 4. ¿A ti te gusta conversar en la cafetería?/¿Te gusta conversar en la cafetería?/A ti te gusta conversar en la cafetería, ¿verdad/no?

11 Answers will vary. Sample answers: 1. Danilo está en la cafetería. 2. Mi mamá está enferma. 3. Yo estoy muy bien.

12 Answers will vary. Sample answers: 1. ¿De dónde es Mariana? 2. ¿Dónde están los niños? 3. ¿Cómo estamos nosotros? 4. ¿Qué libros están sobre el escritorio?

13 Answers will vary.

14 1. trescientos veintiocho 2. diecinueve mil cuatrocientos cincuenta y tres 3. seiscientos treinta y cinco mil doscientos 4. ochenta y nueve

15 1. mi padrastro 2. mi tío 3. mis cuñadas 4. mi primo

16 1. (el) abuelo 2. (el/la) amigo/a 3. (la) madre 4. (el/la) primo/a

17 Answers will vary.

18 1. mi, mis 2. tu, tus 3. su, sus 4. nuestro/a, nuestros/as 5. su, sus 6. su, sus

19 Answers will vary

20 Answers will vary.

21 1. alemán, alemana 2. japonés, japonesa 3. puertorriqueño/a 4. ruso/a

22 Mis padres vuelven de México el lunes por la mañana./El lunes por la mañana mis padres vuelven de México.

23 1. el/un estadio 2. el/un restaurante/café 3. el/un parque 4. la/una piscina

24 1. natación 2. árbol 3. mamá 4. fútbol

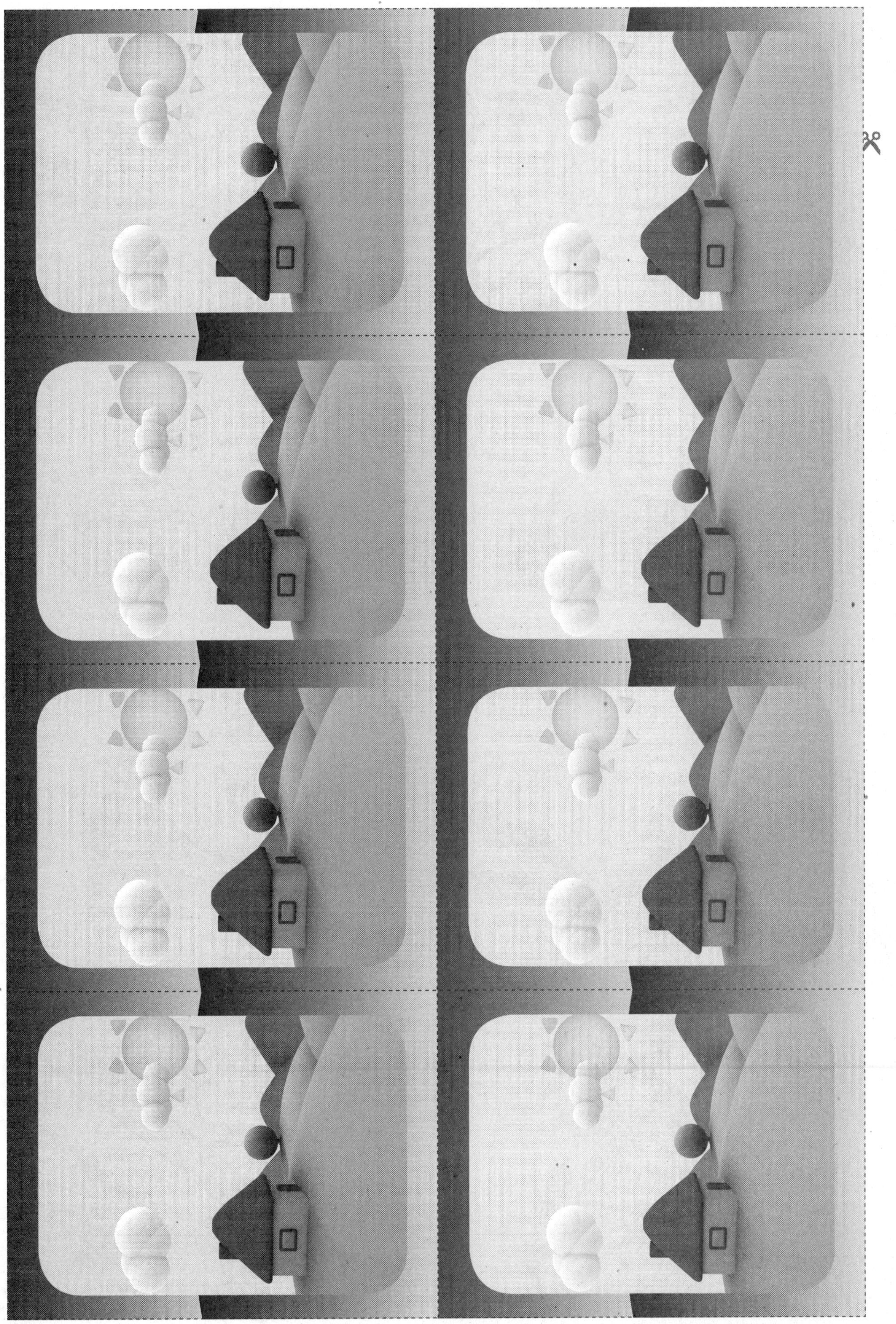

AEROP
A

BERLIN

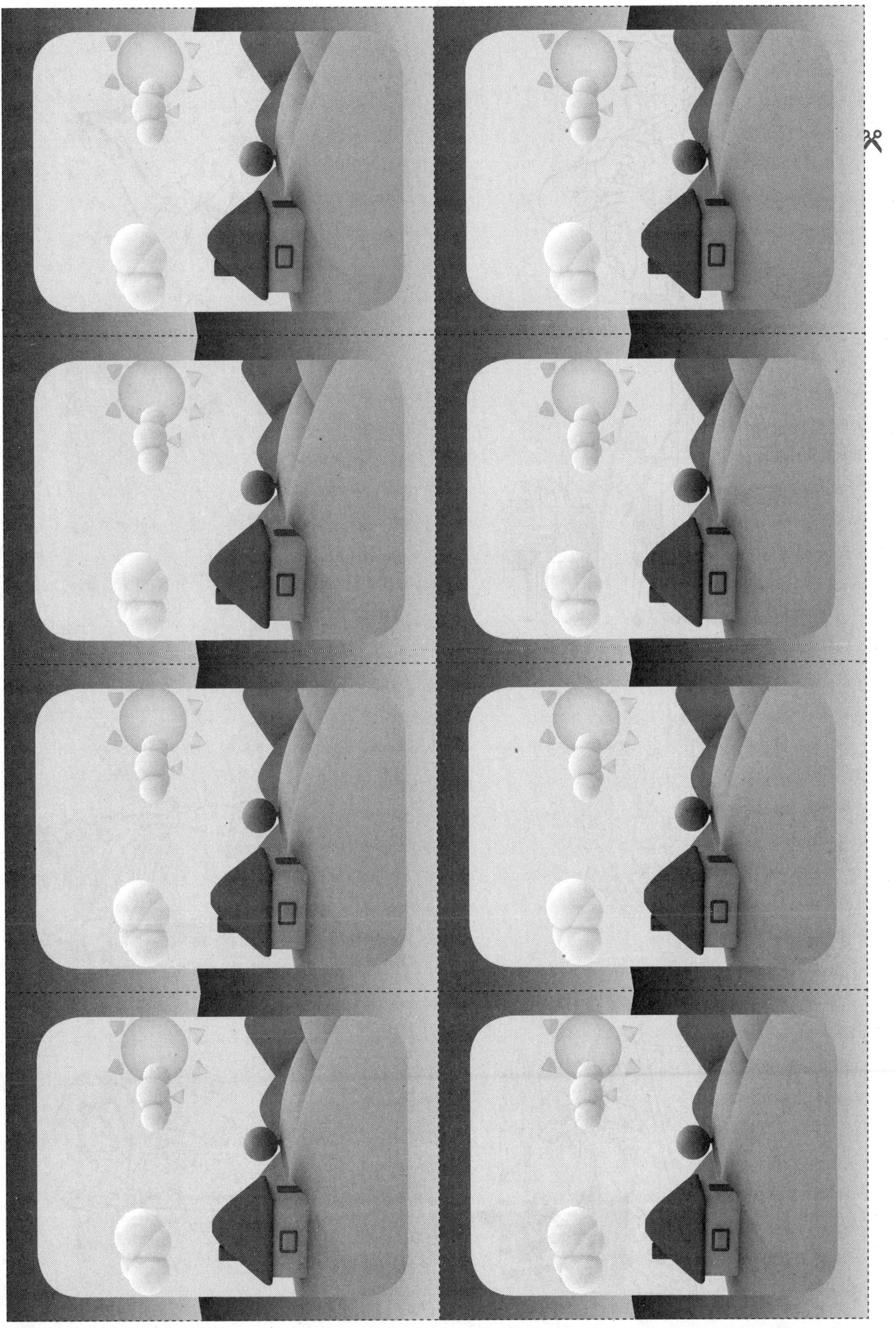

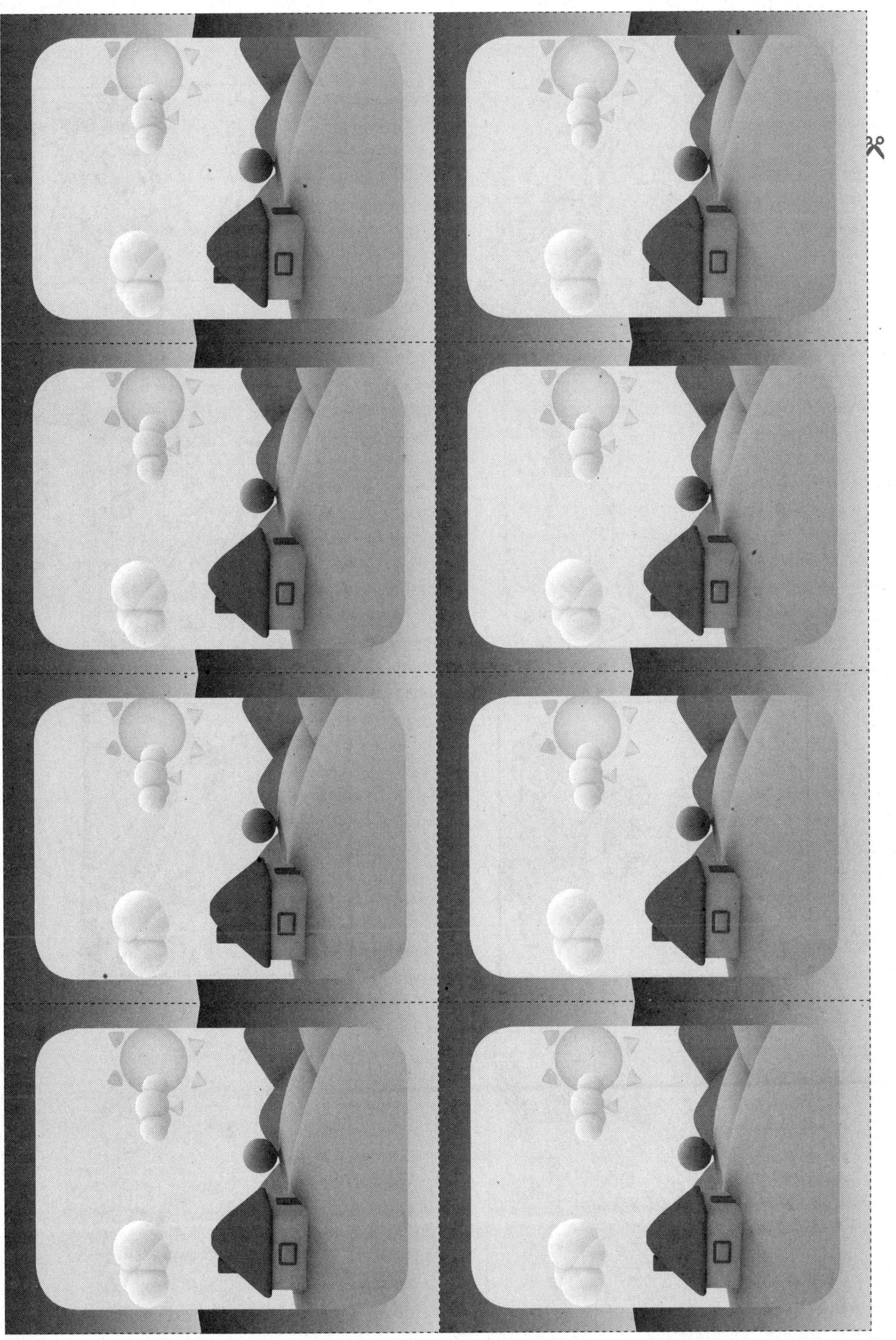

5:30

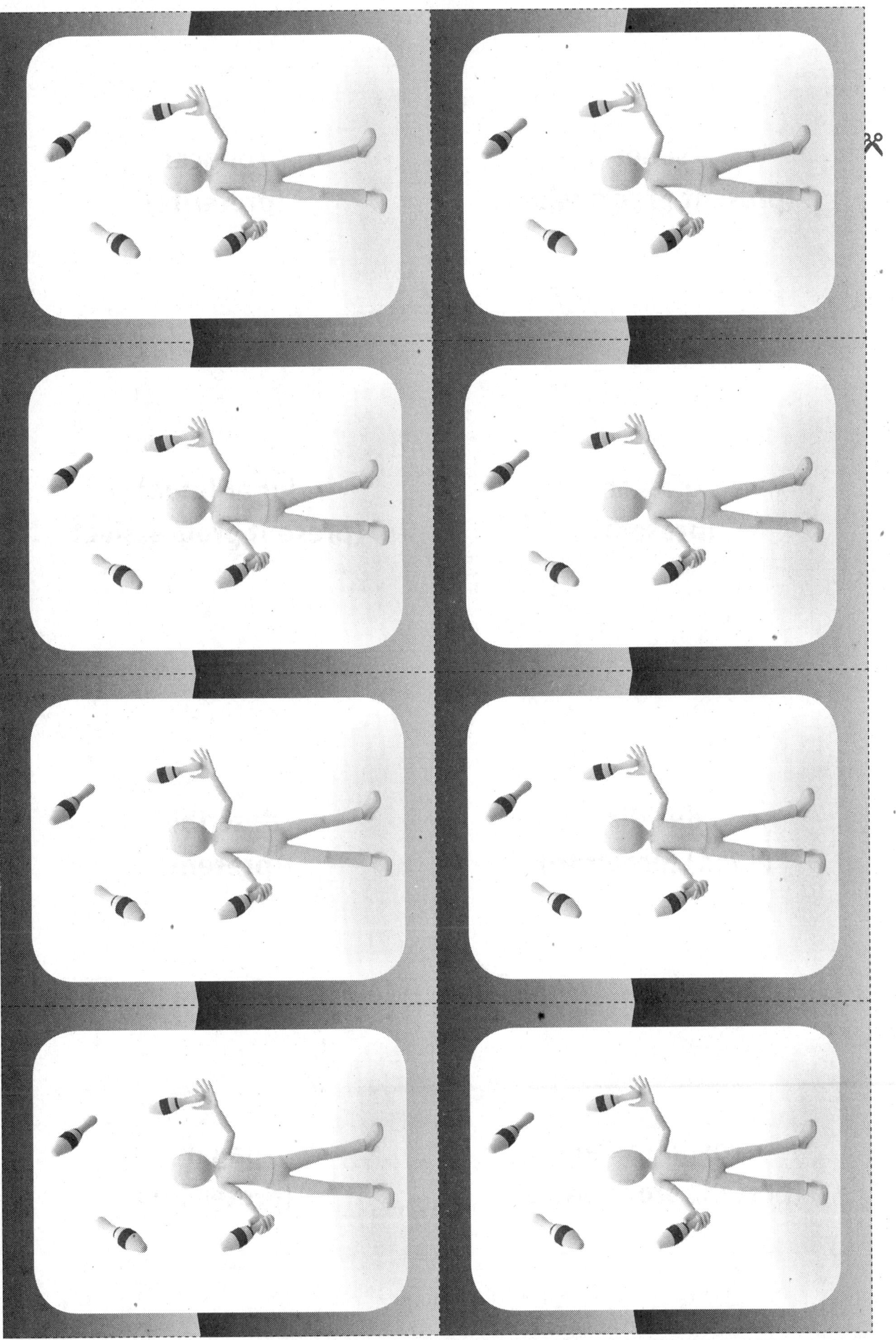

saber
(present progressive)

conocer
(preterite)

ofrecer
(present)

jugar (u:ue)
(present progressive)

decidir
(+ *inf.*) (preterite)

describir
(present)

costar (o:ue)
(present progressive)

pagar
(preterite)

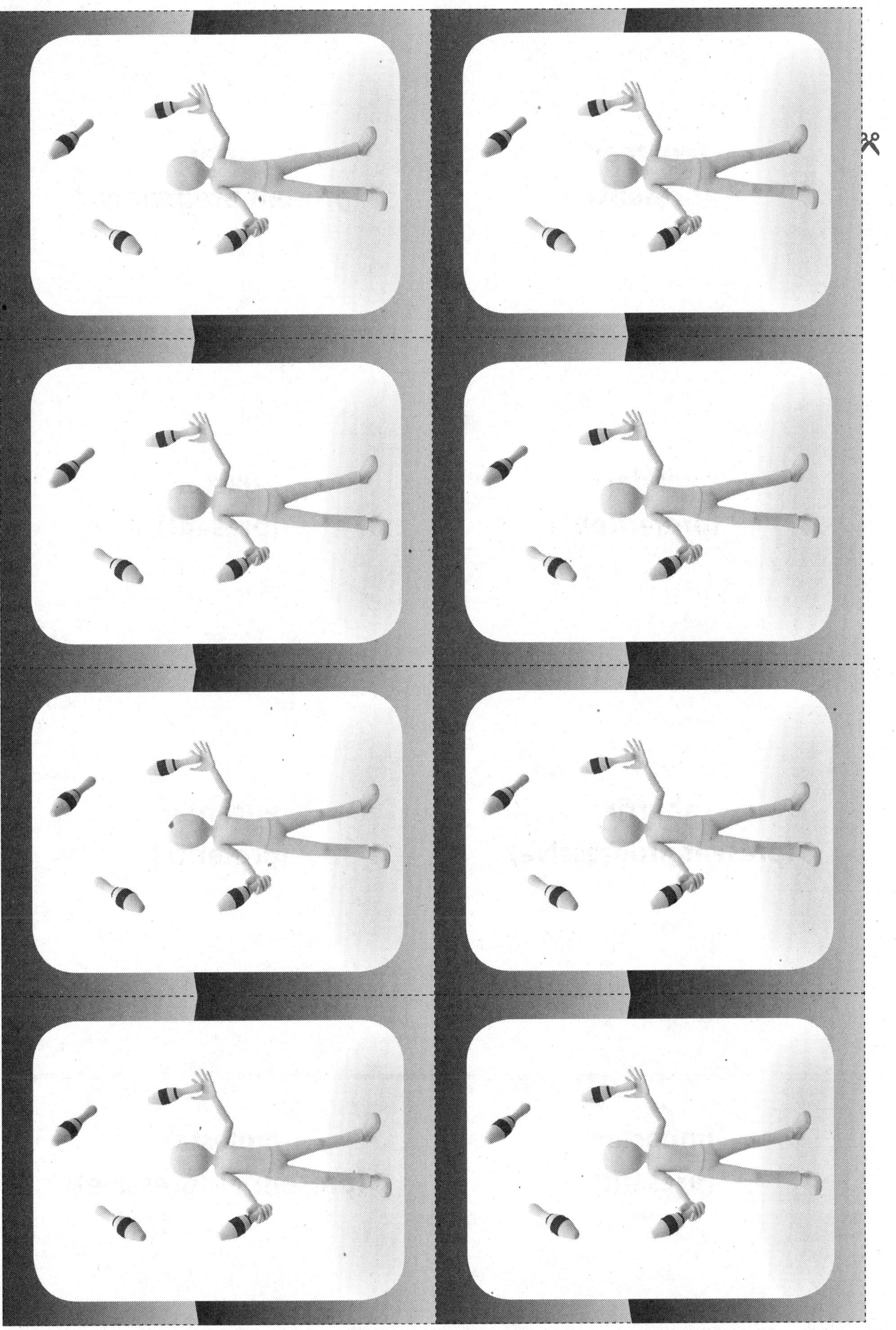

regatear
(present)

usar
(present progressive)

vender
(preterite)

gastar
(present)

aburrir
(present progressive)

encantar
(preterite)

importar
(present)

molestar
(present progressive)

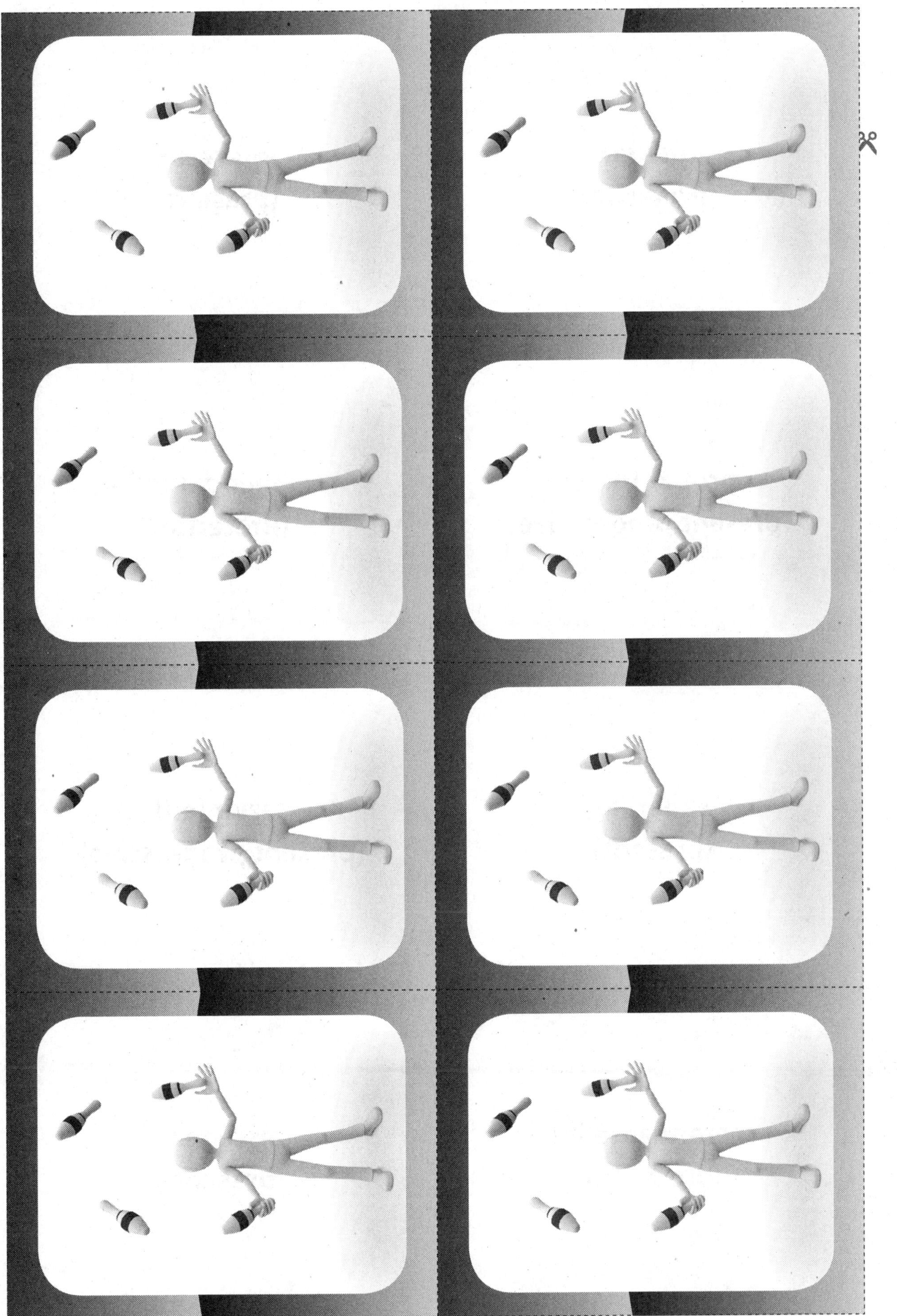

quedar
(preterite)

interesar
(present)

probar (o:ue)
(present progressive)

recomendar (e:ie)
(preterite)

saber (a)
(present)

servir (e:i)
(present progressive)

merendar (e:ie)
(preterite)

escoger
(present)

confirmar una reservación

estar de vacaciones

el/la agente de viajes

la estación (de autobuses, del metro, de tren)

el pasaje

el/la viajero/a

la habitación

el/la botones

el equipaje

el hotel

el/la huésped

el/la empleado/a

el/la cliente/a

el/la dependiente/a

la rebaja

el precio (fijo)

el mercado (al aire libre)

el dinero

la blusa

la bolsa

las gafas (de sol)

la ropa interior

el vestido

los zapatos de tenis

el (cuarto de) baño

la ducha

la rutina diaria

el jabón

el maquillaje

la toalla

bañarse

dormirse

enojarse (con)

poners e

vestirse

quedarse

el/la camarero/a

el menú

el almuerzo

la cena

la sección de (no) fumar

el desayuno

el refresco

los frijoles

la manzana

la chuleta (de cerdo)

el pan (tostado)

el pollo (asado)

***Estar* with conditions and emotions**

The present progressive

Uses of *estar*

Direct object nouns and pronouns

Uses of *ser*

Irregular superlatives

Uses of verb *conocer*

Indirect object pronouns

Preterite tense of regular verbs

Demonstrative adjectives

Uses of *saber*

Demonstrative pronouns

Reflexive verbs

Indefinite words

Preterite of *ser* and *ir*

Verbs like *gustar*

Words commonly used with the preterite

Negative words

Preterite of stem-changing verbs

Double object pronouns

Comparisons of inequality

Superlatives

Comparisons of equality

Irregular comparisons

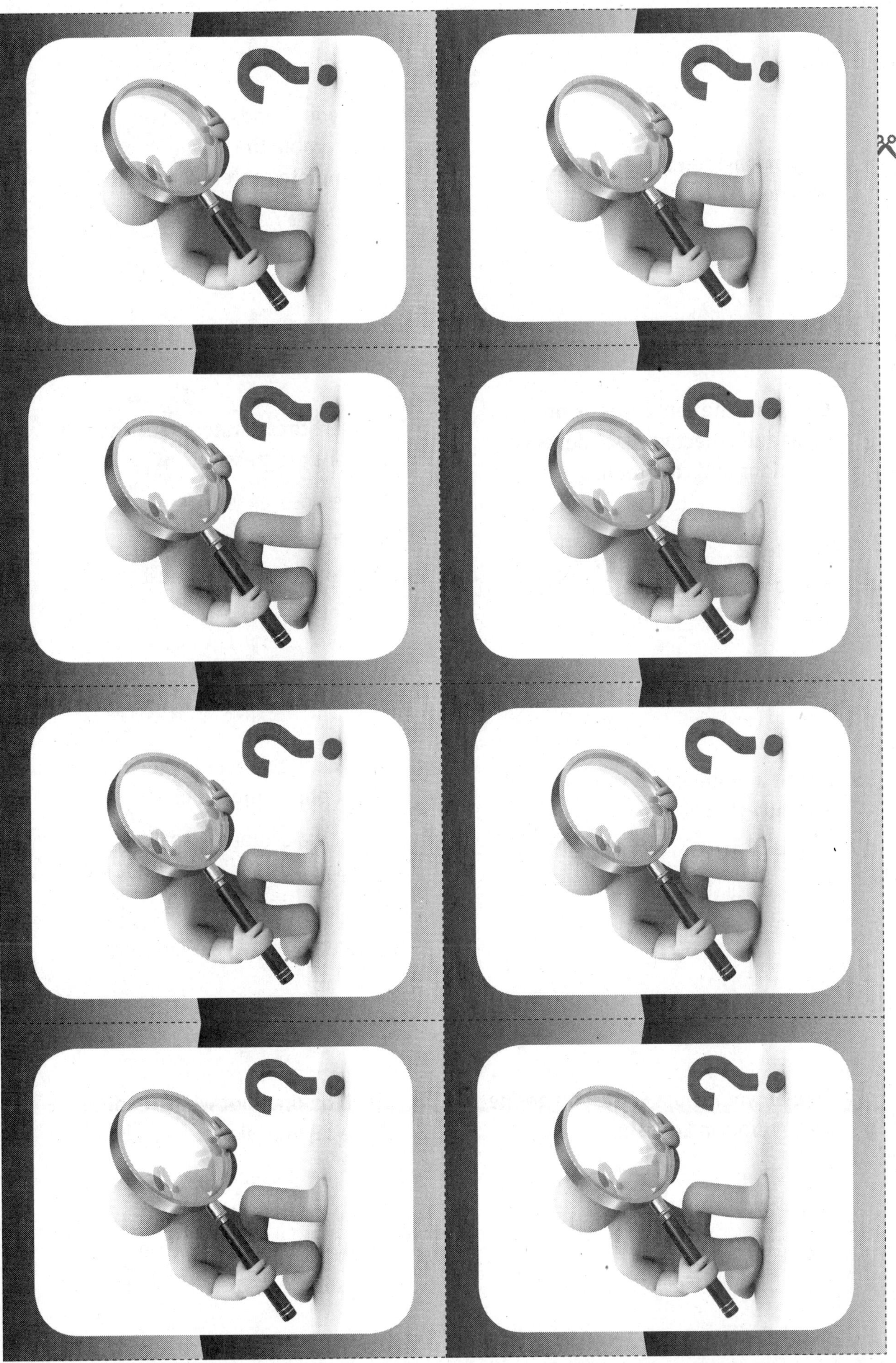

1. Say at least ten things you can find at a hotel.

2. Clap your hands while you unscramble these words to form a complete sentence:

venir / casa / de / en / Viviana / la / novio / su / autobús / de

3. Complete the sentences using *estar* and adjectives that describe emotions and conditions:

1. Diana y yo ____ ____.

2. ¿Ustedes ____ ____?

3. Mi amigo Raúl ____ ____.

4. El hotel ____ ____.

4. Convert these statements into the present progressive:

1. Mi esposo lee revistas.

2. El profesor habla mucho.

3. Nosotros escribimos un libro.

4. Yo juego al fútbol.

5. Invent a sentence for these uses of *ser* and *estar*:

1. Time and date

2. Emotional states

3. Certain weather expressions

6. Replace the direct object with the direct object pronoun:

1. Necesito comprar los pasajes.

2. Queremos llamar a mi primo Juan.

3. Maria y Luis deben hacer sus maletas.

4. ¿Ustedes buscan a la empleada?

7. Take off your shoes while you define these terms in English:

1. la tienda

2. el regalo

3. los zapatos

4. la tarjeta de crédito

8. Stand on one foot while reading these sayings aloud:

1. Hombre prevenido vale por dos.

2. En la variedad está el gusto.

3. Perro que ladra no muerde.

4. Panza llena, corazón contento.

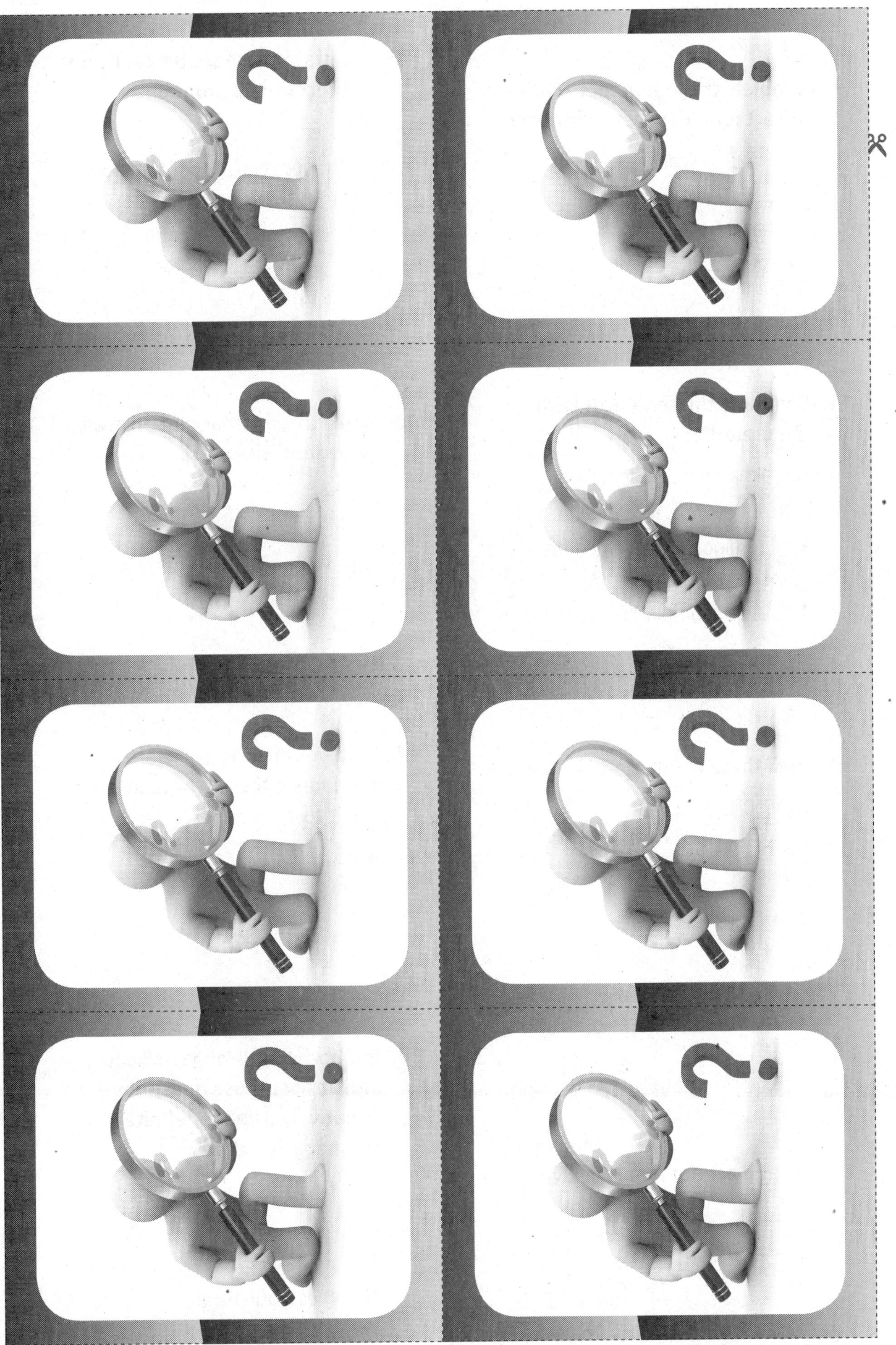

9. **Complete these sentences with the correct form of saber or conocer:**
   1. Ellos ____ español.
   2. Yo ____ Costa Rica.
   3. Mi tía Rita ____ bailar salsa.
   4. Nosotras ____ al profesor de ciencias.

10. **Rephrase these sentences using indirect object pronouns:**
   1. Yo leo un libro. (a ti)
   2. Ustedes venden unos zapatos. (a ellos)
   3. Natalia habla en español. (a mí)
   4. Sus padres dan muchos consejos. (a ella)

11. **Complete the sentences with the preterite:**
   1. El almacén ____ (cerrar) a las 10 p.m.
   2. Nosotros ____ (llegar) tarde a clase.
   3. Mis amigos ____ (comer) en la cafetería.
   4. Yo ____ (comprar) un abrigo ayer.

12. **Make the singular demonstratives plural and vice versa:**
   1. este
   2. aquellas
   3. ésos
   4. aquél

13. **Spell these words aloud in Spanish:**
   1. maquillaje
   2. jabón
   3. toalla
   4. champú

14. **With your hands in the air, pronounce these words correctly:**
   1. caro
   2. perro
   3. crema
   4. madre

15. **Say and act out four reflexive verbs.**

16. **Put both hands on your head and answer these questions negatively using indefinite and negative words:**
   1. ¿Hay algo interesante en la tienda?
   2. ¿Alguien te llama todos los días?
   3. ¿Compraste algún regalo para Daniel?
   4. ¿Tienes alguna amiga en el museo?

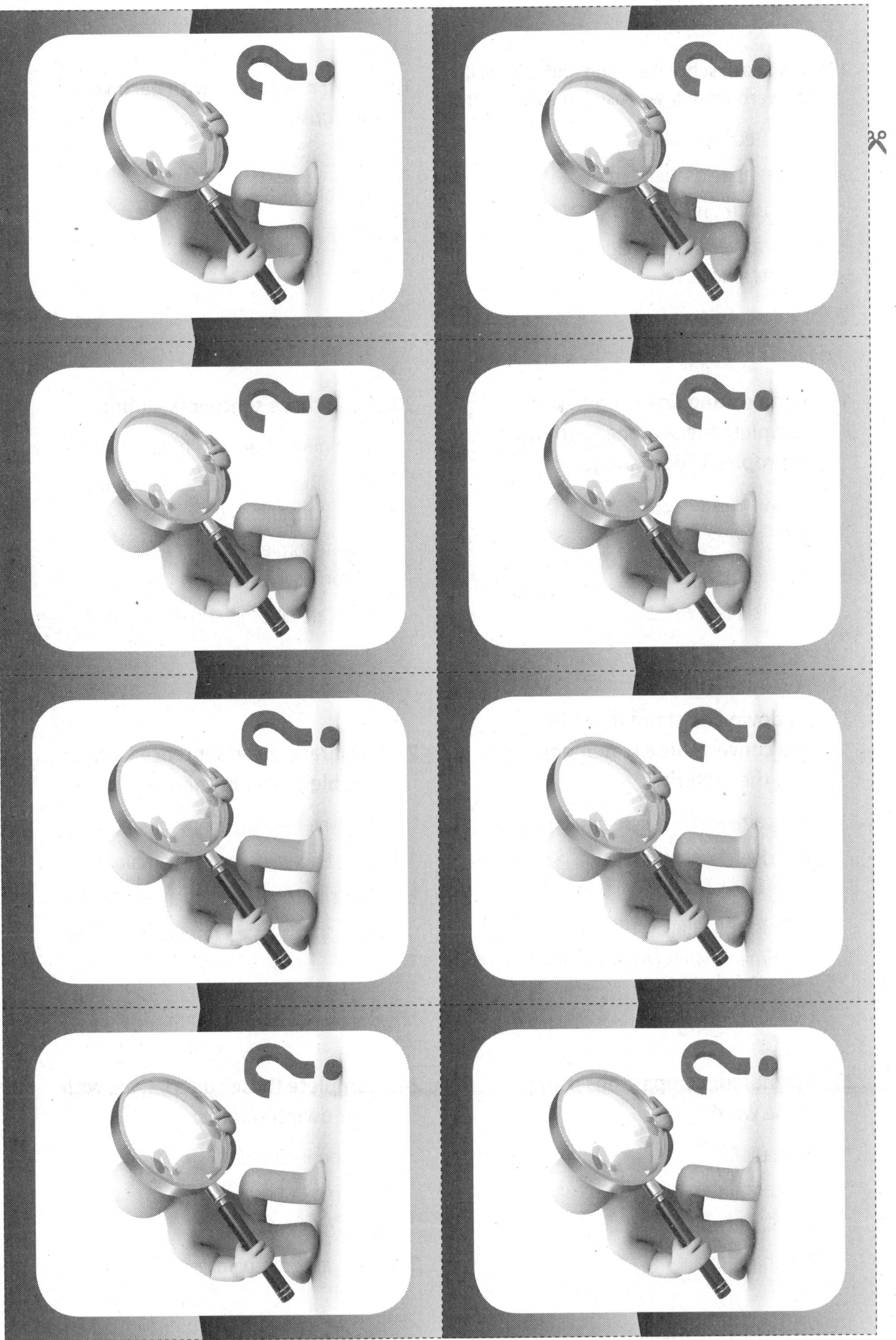

17. **Read each sentence aloud and decide if the verb *ser* or *ir* was used in each case:**

  1. Mateo fue a México.
  2. Mis abuelos fueron muy felices.
  3. Nosotros fuimos al museo anoche.
  4. Tú fuiste muy simpático con mis amigas.

18. **Form a sentence with each verb like *gustar*:**

  1. encantar
  2. molestar
  3. fascinar
  4. aburrir

19. **Jump up and down while you complete the sentence with the appropriate food category:**

  1. Las peras son ____.
  2. El pavo es ____.
  3. La leche es ____.
  4. La lechuga es ____.

20. **Read these sentences aloud:**

  1. La niña quiere ir al baño.
  2. Vamos a almorzar arroz con maíz y manzana.
  3. Te recomiendo los cereales, son deliciosos.
  4. El café colombiano es muy rico.

21. **Sit down and stand up while you convert these statements into the preterite:**

  1. El camarero nos sirve agua mineral.
  2. El dueño nos recomienda la sopa de arvejas.
  3. Yo pido chuleta de cerdo.
  4. Mi mamá prefiere comer langosta.

22. **Rephrase these sentences using double object pronouns:**

  1. Diana te sirvió la ensalada.
  2. Yo le pedí un café al camarero.
  3. Los botones me llevan las maletas.
  4. Nosotros les escribimos las cartas.

23. **Invent four comparisons using these words:**

  1. guapo/a
  2. interesante
  3. simpático/a
  4. trabajador(a)

24. **Complete these superlatives with your own thoughts:**

  1. la peor comida
  2. el mejor hotel
  3. la ropa más cara
  4. el viaje más barato

answers to *reto* cards

Lecciónes 5–8

1 Answers will vary.

2 Viviana viene de la casa de su novio en autobús./ Viviana viene en autobús de la casa de su novio.

3 Answers will vary. Sample answers: 1. Diana y yo estamos aburridas 2. ¿Ustedes están ocupados? 3. Mi amigo Raúl está enamorado. 4. El hotel está cerrado.

4 1. Mi esposo está leyendo revistas. 2. El profesor está hablando mucho. 3. Nosotros estamos escribiendo un libro. 4. Yo estoy jugando al fútbol.

5 Answers will vary. Sample answers: 1. Son las tres y cuarto. 2. Maru está triste. 3. Está nublado.

6 1. Necesito comprarlos./Los necesito comprar. 2. Queremos llamarlo./Lo queremos llamar. 3. María y Luis deben hacerlas./María y Luis las deben hacer. 4. ¿Ustedes la buscan?/¿La buscan ustedes?/Ustedes la buscan, ¿verdad/no?

7 Answers will vary. Sample answers: 1. A place where you can buy stuff. 2. Something you give to someone. 3. What you wear on your feet. 4. A card used instead of cash.

8 Answers will vary.

9 1. saben 2. conozco 3. sabe 4. conocemos

10 1. Yo te leo un libro. 2. Ustedes les venden unos zapatos. 3. Natalia me habla en español. 4. Sus padres le dan muchos consejos.

11 1. cerró 2. llegamos 3. comieron 4. compré

12 1. estos 2. aquella 3. ése 4. aquéllos

13 1. eme, a, cu, u, i, ele, ele, a, jota, e/eme, a, cu, u, i, elle, a, jota, e 2. jota, a, be, o, ene 3. te, o, a, ele, ele, a/te, o, a, elle, a 4. ce, hache, a, eme, pe, u

14 Answers will vary.

15 Answers will vary.

16 Answers may vary. Suggested answers: 1. No, no hay nada interesante en la tienda. 2. No, nadie me llama todos los días./No, nadie me llama nunca. 3. No, no compré ningún regalo para Daniel. 4. No, no tengo ninguna amiga en el museo.

17 1. ir 2. ser 3. ir 4. ser

18 Answers will vary.

19 1. frutas 2. (una) carne 3. una bebida 4. una verdura

20 Answers will vary.

21 1. El camarero nos sirvió agua mineral. 2. El dueño nos recomendó la sopa de arvejas. 3. Yo pedí chuleta de cerdo. 4. Mi mamá prefirió comer langosta.

22 1. Diana te la sirvió. 2. Yo se lo pedí. 3. Los botones me las llevan. 4. Nosotros se las escribimos.

23 Answers will vary.

24 Answers will vary.

Credits

Every effort has been made to trace the copyright holders of the works published herein. If proper copyright acknowledgment has not been made, please contact the publisher and we will correct the information in future printings.

Photography and Art Credits

All images © Vista Higher Learning unless otherwise noted.

Activity Pack: 16: Pascal Pernix; **17:** Rossy Llano; **23:** VHL; **31:** Katie Wade; **38:** Chris Schmidt/iStockphoto; **39:** Rossy Llano; **52:** Martín Bernetti; **61:** Martín Bernetti; **74:** Martín Bernetti; **84:** Martín Bernetti; **106:** Adventure Photo/iStockphoto; **120:** Martín Bernetti; **126:** Javier Larrea/AGE Fotostock; **129:** Martín Bernetti; **143:** Paola Ríos; **145:** Martín Bernetti; **151:** Claudiaveja/iStockphoto; **155:** Anne Loubet; **162:** Janet Dracksdorf; **168:** José Blanco; **169:** Anne Loubet; **179:** Anne Loubet; **180:** José Blanco; **188:** Martín Bernetti; **201:** Anne Loubet; **205:** Martín Bernetti.

English Game Board: 213-217: (Pictures) Hunor Focze/Shutterstock; (Verbs) Dny3d/Shutterstock; (Challenge) Palto/Shutterstock; (Vocabulary) Cre8tive Images/Shutterstock; (Grammar) Maxx-Studio/Shutterstock; (Start) Air0ne/Shutterstock; (Miss a turn) Texelart/Shutterstock; (Move forward) Apostol_8/Shutterstock; (Start over) Reji/Shutterstock; (Take two turns) Hohojirozame/Shutterstock; (Move back two spaces) Skvoor/Shutterstock; (Finish) Air0ne/Shutterstock.

Spanish Game Board: 219-223: (Imágenes) Hunor Focze/Shutterstock; (Verbos) Dny3d/Shutterstock; (Reto) Palto/Shutterstock; (Vocabulario) Cre8tive Images/Shutterstock; (Gramática) Maxx-Studio/Shutterstock; (Salida) Air0ne/Shutterstock; (Pierde un turno) Texelart/Shutterstock; (Avanza) Apostol_8/Shutterstock; (Comienza de nuevo) Reji/Shutterstock; (Te tocan dos turnos) Hohojirozame/Shutterstock; (Regresa dos espacios) Skvoor/Shutterstock; (Meta) Air0ne/Shutterstock.

Cards: 225: Hunor Focze/Shutterstock; **227:** Hunor Focze/Shutterstock; **228:** Rossy Llano; **229:** Hunor Focze/Shutterstock; **231:** Dny3d/Shutterstock; **233:** Dny3d/Shutterstock; **235:** Dny3d/Shutterstock; **237:** Cre8tive Images/Shutterstock; **239:** Cre8tive Images/Shutterstock; **241:** Cre8tive Images/Shutterstock; **243:** Cre8tive Images/Shutterstock; **245:** Cre8tive Images/Shutterstock; **247:** Cre8tive Images/Shutterstock; **249:** Maxx-Studio/Shutterstock; **251:** Maxx-Studio/Shutterstock; **253:** Maxx-Studio/Shutterstock; **255:** Palto/Shutterstock; **257:** Palto/Shutterstock; **259:** Palto/Shutterstock; **263:** Hunor Focze/Shutterstock; **265:** Hunor Focze/Shutterstock; **267:** Hunor Focze/Shutterstock; **269:** Dny3d/Shutterstock; **271:** Dny3d/Shutterstock; **273:** Dny3d/Shutterstock; **275:** Cre8tive Images/Shutterstock; **277:** Cre8tive Images/Shutterstock; **279:** Cre8tive Images/Shutterstock; **281:** Cre8tive Images/Shutterstock; **283:** Cre8tive Images/Shutterstock; **285:** Cre8tive Images/Shutterstock; **287:** Maxx-Studio/Shutterstock; **289:** Maxx-Studio/Shutterstock; **291:** Maxx-Studio/Shutterstock; **293:** Palto/Shutterstock; **295:** Palto/Shutterstock; **297:** Palto/Shutterstock.